Storïau'r Stryd
BANANAS

Storïau'r Stryd

BANANAS

Emily Huws

Argraffiad Cyntaf—Ionawr 1996

ISBN 1 85902 224 3

ⓗ Emily Huws

Cedwir pob hawl. Ni chaniateir atgynhyrchu unrhyw ran
o'r cyhoeddiad hwn na'i gadw mewn cyfundrefn adferadwy na'i drosglwyddo
mewn unrhyw ddull na thrwy unrhyw gyfrwng electronig, electrostatig, tâp magnetig,
mecanyddol, ffotocopïo, recordio, nac fel arall, heb ganiatâd ymlaen llaw
gan y cyhoeddwyr, Gwasg Gomer, Llandysul.

Dymuna'r cyhoeddwyr gydnabod cymorth Adrannau Cyngor Llyfrau Cymru.

Argraffwyd gan
Wasg Gomer, Llandysul, Dyfed

1

Sgrechiais:

'OND DYDI HYNNA DDIM YN DEG!'

Wrandawodd y dyn hel pres ddim arna i. Cydiodd ei ddwylo mawr, cryf ym mhen ysgwyddau fy nghrys chwys. Teimlwn y bws yn crynu drwy fy nhrênyrs wrth i'r gyrrwr refio cyn symud ymaith.

Bloeddiais:

'Nid isio teithio ar y bws ydw i . . .'

Dim ond blaenau fy nhraed oedd yn llyfu'r llawr wrth imi gael fy nghodi yn fy nghrynswth.

Gwaeddais:

'Mae hynna'n bananas! Dim ond isio siarad efo rhywun . . .'

Fe'm hyrddiwyd allan am nad oedd gen i ddim pres i dalu. Baglais. Syrthiais ar fy mhen-ôl ar y palmant. Codais y munud hwnnw a rhuthro at ochr y bws.

Gwelwn hi drwy'r ffenest a'r golau oddi mewn yn dangos popeth yno'n glir gan ei bod hi'n tywyllu'n gyflym tu allan. Clywn ru'r bws yn cynyddu. Ceisiais sboncio i fyny i guro'r ffenest i dynnu ei sylw. Methais. Llithrodd fy nwylo i lawr ochr wleb y bws a theimlwn ei gryndod drwy fy nghledrau.

Roedd o'n symud. Gydag un ymdrech anferthol, â'm holl nerth neidiais yn uwch a dyrnu ar y gwydr gan weiddi,

'Mrs Corrigan! Mrs Corrigan! Ble mae Beth?'

Doedd hi ddim yn fy nabod i oherwydd wyddai hi ddim 'mod i'n nabod Beth. Diolch byth na wyddai hi ddim oherwydd doedd Beth ddim i fod i hyd yn oed siarad efo neb, heb sôn am fod yn ffrindiau efo rhywun. Ond roeddwn i tu hwnt i falio am hynny. Hi oedd yr unig gysylltiad oedd gen i efo Beth, ac roeddwn i wedi dychryn yn ofnadwy wrth weld ei bod hi'n diflannu o'm golwg a phopeth yn dangos yn blaen nad oedd hi am ddod yn ôl. Fyddai hi ddim yn mynd â'r holl bethau efo hi petai hi'n dod yn ôl, na fyddai?

V.V. oedd wedi dweud nad oedd Beth i fod i siarad efo neb. V. V.: Val Varley. Hi oedd wedi siarsio'i mam a'r mamau eraill, meddai Beth.

Rhag i rywun sylweddoli beth roedden nhw'n ei wneud.

Roedd hi'n rhy beryglus i V. V. weithio bellach, meddai hi. Roedd 'y glas' i gyd yn ei nabod hi. Doedd hi ddim eisiau mynd 'i mewn' eto a bellach roedd hi'n dysgu eraill ac roedd pawb yn gorfod gwneud fel roedd hi'n dweud.

Ond fe wyddwn i pwy oedd Mrs Corrigan oherwydd imi ei gweld hi'r tu allan i'n siop ni y tro cyntaf y gwelais i Beth. Ond er nad oedd hi'n fy nabod, disgwyliwn iddi droi ei phen a sylwi arna i rŵan a minnau'n ymdrechu mor daer i dynnu ei sylw hi. Sylwi arna i a rhoi ateb i mi, gobeithio.

Roedd y bws yn symud.

Oedd hi'n rhy feddw i droi ei phen i sylwi arna i?

'Beth! Beth! Ble mae hi?' bloeddiais ar dop fy llais.

Ond boddwyd fy sŵn pitw gan chwyrnellu'r injan a rhu gweddill y traffig ar y ffordd brysur. Rhedais wrth ochr y bws fel roedd o'n cychwyn symud. Ond fel y cyflymodd a throi i'r dde bu raid imi neidio i'r ochr.

'BLE MAE BETH?' sgrechiais.

Ond bellach welwn i ddim ond lliw'r bws yn troi rownd cornel arall ac yn diflannu o'r golwg.

Suddais i lawr heb falio fod y gwlybaniaeth ar y palmant yn treiddio'n annifyr drwy ben-ôl fy jîns. Doedd dim ots gen i am hynny, y dagrau oedd yn treiglo'n hallt dros fy wyneb ac i'm ceg oedd yn fy mhoeni. Sychais nhw ymaith â chefn fy llaw ond roedd mwy a mwy yn dod a fedrwn i wneud dim byd i'w rhwystro nhw. Arhosais yno'n snwffian ac yn rhwbio fy llygaid, a choesau a thraed pobl yn mynd heibio imi'n ddifater.

Beth oeddwn i'n mynd i'w wneud?

Lwc imi ei gweld hi, mam Beth. Lwc imi ei gweld hi'n sefyll yn y ciw i aros y bws fel ynys fawr ynghanol tonnau môr o fagiau a chesys o amgylch ei thraed. Roedd hi'n mynd i ffwrdd. I ffwrdd am byth, yn ôl pob golwg. Roedd hynny'n amlwg. Roedd ei phethau hi i gyd ganddi. Gwyddwn mai dyna roedden nhw'n ei wneud: symud i fyw mewn ystafell, aros yn y rhan honno o'r ddinas nes ei bod hi'n mynd yn rhy boeth iddyn nhw aros yno, ac wedyn symud i ran arall . . . neu i ddinas arall, doedd wybod yn y byd i ble.

Ond ble'r oedd Beth? Ble'r oedd hi wedi ei gadael hi?

Oedd hi'n gwybod beth oedd hi wedi ei wneud efo hi? Oedd hi'n ddigon sobor i wybod?

Roedd hi'n smwc bwrw, rhyw eirlaw oer, diflas efo talpiau o rywbeth tebyg i rew meddal yn cronni'n slwtsh yma ac acw o'm cwmpas. Ond drwy'r pensiliau gloyw a syrthiai o flaen fy llygaid roeddwn i'n dal i weld yn fy meddwl fam Beth wedi ymollwng i eistedd yn swrth ar sedd y bws, ei phen wedi suddo i lawr a'r ddwy neu dair tagell o gnawd yn rholiadau o dan ei gên fel ffrils caled; ei gwallt cochddu hir dros ei hysgwyddau yn flêr fel cynffonnau llygod a'r aeliau tenau, tenau uwch bob llygad yn edrych yn boenus a phigog. Felly roedd ei hwyneb yn edrych hefyd, yn flin.

Heb gael ei joch o jin roedd hi, mae'n siŵr. Felly fyddai hi pan fyddai hi heb bres i'w brynu o. Dyna roedd Beth wedi ei ddweud.

Caeais fy llygaid am eiliad, ac fel petawn i wedi gwasgu botwm gwahanol ar flwch rheoli o bell newidiodd y llun ar sgrin fy meddwl. Gwelais hi fel y sylwais arni gyntaf heddiw yn sefyll i aros am y bws yr ochr arall i'r ffordd pan oeddwn i'n jogio, botymau ei chôt bron â sboncio i ffwrdd wrth geisio cadw'i chôt ar gau dros ei bol mawr crwn oedd yn sticio allan fel casgen o'i blaen hi.

Ro'n i wedi gofyn i Beth y tro cyntaf y siaradais i efo hi, yn y bore cyn i'w mam godi,

'Ydi hi'n mynd i gael babi? Wyt ti'n mynd i gael brawd neu chwaer?'

'Tew ydi hi, nid beichiog.'

'Ew, ti'n siŵr?'

'Ydw.'

'Wir?'

Nodiodd. Dyna oedd mor braf ynglŷn â Beth. Wnaeth hi ddim f'wfftio i a dweud fod hogiau'n hurt ac nad oedden nhw ddim yn deall na dim byd felly.

'Cha i byth frawd na chwaer,' eglurodd. 'Mam yn gofalu hynny am fod 'na ormod o drafferth efo fi, meddai hi.'

Doeddwn i ddim yn deall beth roedd hi'n ei feddwl efo trafferth.

'Dwi'n ei rhwystro hi rhag gwneud be mae hi isio. Dydi hi ddim yn medru mwynhau ei hun am 'mod i dan draed o hyd, meddai hi.'

Y tinc yn ei llais hi pan ddywedodd hi hynny ddychrynodd fi. Roedd ei mam hi'n meddwl ei bod hi'n niwsans. Dyna oedd hi'n ei feddwl go iawn. Nid tynnu coes. Nid dweud rhywbeth-rhywbeth. Nid smalio. Go iawn. Ac mae hynny'n ofnadwy, yn tydi? Eich mam chi'ch hun yn meddwl hynny a Beth druan heb dad na thaid na nain, na neb arall i falio dim ynddi hi chwaith. Es i'n ddistaw iawn ar ôl iddi hi ei ddweud o. Meddwl roeddwn i.

Does gen i ddim brawd na chwaer chwaith.

Ro'n i tua'r chwech oed pan ges i lond bol ar fod fy hun.

'*Mamá! Baba!* Dwisio cwmpeini,' cwynais. 'Dwi ddim isio bod fy hun am byth. Pryd 'dach chi'n mynd i wneud rhywbeth ynglŷn â'r peth?'

''Dan ni'n gwneud ein gorau,' meddai Mam.

'Mae'n rhaid i ti fod yn amyneddgar,' meddai Dad.

Amyneddgar, wir! Roedd hynny tua phum mlynedd yn ôl bellach ond dwi wedi rhoi'r gorau i swnian erbyn hyn oherwydd 'mod i'n synhwyro 'mod i'n gwneud y ddau yn drist pan oeddwn i'n gwneud. Mae'r ddau yn mynd yn rhyw ddistaw braidd a dwi'n gwybod yn iawn y bydden nhw hefyd wrth eu bodd petawn i'n cael brawd neu chwaer.

Ond newydd sylweddoli ydw i, dim ond ers pan dwi'n nabod Beth, mor lwcus ydw i nad am yr un rhesymau â hi rydw i'n unig blentyn.

Snwffiais. Sychais fy wyneb â'm llawes a chodais ar fy nhraed yn araf. Roedd yn well imi jogio yn fy mlaen cyn iddi dywyllu mwy fyth. Nain oedd yng ngofal y siop. Byddai'n poeni petawn i ddim yn ôl cyn iddi nosi. Ond roedd y lwmp mawr yn fy ngwddw yn fy nhagu'n lân.

Beth oeddwn i'n mynd i'w wneud? Roedd yn RHAID imi wneud rhywbeth. Doedd 'na neb ond fi i wneud rhywbeth. Doedd Beth ddim yn nabod neb arall. Doedd yna ddim gwerth o amser er pan oedd ei mam wedi dod â hi i fyw wrth f'ymyl i. A rŵan roedd ei mam yn diflannu hebddi. Os nad oeddwn i'n mynd i chwilio am Beth druan i weld ei bod hi'n iawn, doedd yna neb arall yn mynd i wneud.

Lwc a dweud y gwir 'mod i'n digwydd jogio heibio ar ochr arall y stryd pan sylwais ar Mrs Corrigan. Newidiais gyfeiriad y munud y gwelais hi a throi gan fwriadu croesi i fynd ati. Roedd o mor amlwg ei bod hi'n mynd i ffwrdd a dim golwg o Beth. Doeddwn i ddim wedi siarad efo hi erioed. Roedd arna i ormod o ofn gwneud ond y tro yma doedd gen i ddim dewis. Fedrwn i ddim gadael iddi ddiflannu heb gael gwybod ble'r oedd Beth. Ond roedd hi'n amser i bawb fynd adref a'r traffig ar ei anterth a fedrwn i yn fy myw groesi'r stryd. Roeddwn i ar yr ynys ar y canol yn gweld y dybal-decar 'ma'n dod a fedrwn i ddim croesi o'i flaen o ac roedd hi eisoes wedi camu i mewn iddo'n drwsgwl pan gyrhaeddais yno'n fyr fy ngwynt.

Diolch 'mod i wedi bod yn jogio heibio neu fyddwn i ddim wedi ei gweld hi, na fyddwn?

Feddyliais i erioed o'r blaen y byddwn i'n falch nad oeddwn i ddim yn hoffi pêl-droed, ond dyna sut y teimlwn y munud hwnnw. Oherwydd roeddwn i'n jogio am nad oeddwn i'n hoffi pêl-droed.

Pawb arall yn ei hoffi o. Pawb yn yr ysgol. Wel, pawb o'r hogiau yn fy nosbarth i, beth bynnag, a rhai o'r genod hefyd. Wrth eu bodd yn rhedeg fel ffyliaid yn ôl ac ymlaen ar hyd cae mwdlyd yn yr oerfel yn cicio pêl, neu yn hytrach, yn ceisio cicio pêl i mewn i rwyd neu rhwng dau bostyn neu yn ceisio rhwystro rhywun arall rhag gwneud.

Bananas.

Bananas hollol.

Dyna ydw i'n ei feddwl, beth bynnag.

Ges i lond bol. Roedden ni'n mynd allan ar y cae bob pnawn dydd Gwener, glaw neu hindda fwy neu lai, a do'n i'n gwneud dim byd ond gwastraffu amser. Wel, beth arall sydd yna i'w wneud pan fedrwch chi ddim cicio pêl yn strêt? Pan fedrwch chi ddim cicio pêl o gwbl y rhan fwyaf o'r amser.

Daeth fy nghyfle pan oedd angen posteri i hysbysebu'r gêmau cynghrair. Roedd brys amdanyn nhw.

'Ga i aros i mewn i'w gwneud nhw, os gwelwch yn dda?' gofynnais i Mr Burgess. 'Dwi'n well am drin cyfrifiadur nag ydw i am chwarae pêl-droed.'

'Wyt gobeithio!' gwawdiodd Darren Ellis.

Anwybyddais o mor urddasol fyth ag y medrwn i er bod arna i eisiau ei gicio fo yn ei ddannedd blaen a rhoi dwrn dan glicied ei ên.

'Fyddwn i ddim dau chwinc yn eu gwneud nhw i chi. Mi fydden nhw'n barod i bawb eu dosbarthu nhw erbyn amser mynd adref. Gawn ni roi un yn ffenest ein siop ni. Lot o bobl yn galw yno, 'chi. Ac ella os bydd Dad yn teimlo'n glên y caen ni roi un yn ffenest ein *taverna* newydd ni pan fydd y lle'n barod.'

'Mae hynna'n gynnig teg iawn, Spiros,' meddai Mr Burgess. 'Ro'n i'n poeni am y posteri yna. Gwybod na fedrwn i byth ddod i ben â'u gwneud nhw o fewn yr amser. Diolch yn fawr iti.'

Fe ges i'r pnawn Gwener gorau ges i erioed yn ffidlan yn y stydi efo'r cyfrifiadur. Ac fe fûm i'n meddwl lot.

Os na faswn i'n gwneud rhywbeth, fyddai neb yn gwneud yn fy lle i. Dyna benderfynais i. Doedd o ddim yn benderfyniad hawdd, ond ro'n i wedi rhoi cynnig ar wneud beth roedden nhw wedi dweud wrtha i roeddwn i fod i'w wneud am hir. A doeddwn i ddim yn ei fwynhau o. A dweud y gwir yn blaen, roeddwn i'n ei gasáu o.

Doedd yna ddim deddf yn dweud fod yn rhaid i mi hoffi'r un peth â phawb arall, nac oedd?

Nac oedd.

Byddai'r hogiau eraill yn siŵr o fy wfftio i.

Ond fyddai hynny ddim yn fy lladd i, na fyddai?

Na fyddai.

Roedd eu clywed nhw'n wfftio yn well na gwastraffu amser a dioddef bob pnawn Gwener. Felly, cymerais fy ngwynt, croesais fy mysedd, a gofyn, rywbryd yn ystod yr wythnos ganlynol pan oeddwn i'n meddwl fod hwyliau go lew arno,

'Mr Burgess, gawn ni air bach am funud?'

'Am beth?'

'Am bêl-droed.'

Ro'n i wedi meddwl am y rhan nesaf yn ddwys iawn. Fe allwn i fod wedi malu awyr am hir cyn dod at y pwynt, yn egluro hyn a'r llall, yn ceisio esbonio sut roeddwn i'n teimlo ac yn ymdrechu i'w gael i ddeall hynny. Doedd o ddim yn beth hawdd, sôn am hyn i gyd efo fo o bawb. Mae o'n meddwl fod y byd ar ben os ydi Everton yn colli. Ei syniad o o nefoedd ydi mynd i'w gwylio nhw'n chwarae ar ddydd Sadwrn, a'r hyn fyddai'n ei roi yn y seithfed nef fyddai cael mynd i weld Cymru'n chwarae ar y maes cenedlaethol yng Nghaerdydd. Dwi'n meddwl y byddai o'n cerdded ar y cymylau am byth petaen nhw'n mynd drwodd i rownd derfynol gêm ryngwladol rywbryd. Nhw. Tîm Cymru. Ein tîm ni.

Wrth gwrs 'mod i'n falch pan fydd Cymru'n ennill. Dwi'n Gymro, yn tydw?

'Groegwr wyt ti, Spiros Gasparatos!' meddai Nain.

'*Iaia*,' meddwn i. ''Dach chi a *Mamá* a *Baba* yn Roegwyr. Dwi'n medru siarad fel chi ond ches i mo 'ngeni yng Ngwlad Groeg.'

'Chest ti mo dy eni yng Nghymru chwaith.'

'Doeddwn i ddim callach beth oedd yn digwydd imi pan oeddwn i'n fabi yn Llundain,' wfftiais. 'Dwi'n falch 'mod i'n Roegwr 'run fath â chi a *Mamá* a *Baba*. Wrth gwrs 'mod i'n falch o hynny. Dwi wrth fy modd yn mynd i wlad Groeg ar fy ngwyliau ac mae o mor handi medru siarad yr iaith efo pawb. Fydda i wrth fy modd yn swancio pan fydda i'n gweld plant eraill ar eu gwyliau heb ddim clem . . . Ond Cymru sydd wedi rhoi pob dim dwi'n 'i hoffi imi, yntê? Ffrindiau a sbort a mynd i'r Urdd ac i Langrannog a chael mynd i weld hen gestyll a llefydd diddorol a phethau dwi'n hoffi. Faswn i ddim yn un clên iawn petawn i'n cymryd popeth fel'na a ddim yn meddwl 'mod i'n Gymro. Felly dwi'n Gymro hefyd. Yma dwi'n byw, cofiwch. A 'dach chi'n gwybod be maen nhw'n ddweud yn tydach?'

'Be?'

'Cas gŵr nas caro'r wlad a'i mago. A 'dach chi ddim isio imi fod yn hen hogyn annifyr mae pawb yn ei gasáu, nac oes?'

Ddywedodd Nain ddim byd, dim ond edrych arna i.

'Ella mai Gwlad Groeg sydd wedi'ch magu chi a Dad a Mam, ond cofiwch mai Cymru sydd wedi fy magu i.'

Roedd hi'n dal i edrych yn ddigon rhyfedd arna i.

'Wel?' meddwn i'n bigog. ''Dach chi ddim haws â bod yn flin efo fi, *Iaia*. Chi ddaeth â fi yma, i Gymru. Wel, nage mae'n siŵr . . .

Dad a Mam pan benderfynon nhw brynu'r siop pan oeddwn i'n fabi. A chi ddewisodd ddod aton ni ar ôl ichi fod yn sâl. Ches i ddim dewis, cofiwch. Ond mae gen i hawl i ddewis beth ydw i . . .'

'Gen ti gyfrifoldeb hefyd.'

'Yyy?'

'I dy deulu. Groegwyr ydan ni. Ni sydd wedi edrych ar d'ôl di, wedi rhoi popeth rwyt ti angen iti . . .'

'Ia, ia! Roeddach chi wrth eich bodd yng Ngwlad Groeg pan oeddech chi'n hogan fach yn toeddach? 'Dach chi o hyd yn sôn mor braf oedd hi yno a gymaint o hwyl roeddech chi'n gael efo'ch ffrindiau . . .'

'Wel wrth gwrs . . .'

'Fasach chi'n hoffi imi fod fel y Kyle Oulton yna?'

'Pwy . . .?'

''Dach chi bob amser yn dweud mor ddigywilydd ydi o . . .'

'O! Yr hogyn sydd wedi shafio'i ben . . .'

'Dyna chi. Gas gynnoch chi ei weld o'n dod i mewn i'r siop meddech chi . . . wel, ydach chi isio i mi fod fel hwnnw? Rhyw ddwy flynedd sydd er pan ddaeth o o Loegr ac mi gafodd o fynd i'r Ganolfan Iaith i ddysgu Cymraeg cyn dod aton ni ac mae o'n medru siarad Cymraeg rŵan. Ond dydi o ddim yn ddigon cwrtais i wneud. Disgwyl i bawb newid er ei fwyn o ac yn gwawdio pan fydd Cymru'n ennill rhywbeth. Gafodd pawb lond bol arno fo.'

'O?'

'"Neb wedi gofyn iti ddod yma," medden ni wrtho fo. "Pawb yn glên efo ti. Fydda'n well i ti fod yn glên efo ni hefyd. Brafiach o lawer." 'Dach chi ddim isio imi fod fel Kyle, nac oes, *Iaia*?'

Roedd hi wedi gwrando'n astud arna i tra oeddwn i'n siarad. Doedd hi ddim wedi tynnu ei llygaid oddi ar fy wyneb i, ond yn fwy na hynny, roedd ei dwylo hi'n llonydd. Pan dewais i, edrychodd ar y gwaith dan ei dwylo am funud bach, yna cododd ei golygon a'i bysedd chwim yn symud drachefn, yr edau fain liw hufen yn troelli oddi ar y belen ar y cownter a'r mat i'w roi o dan lestri ar y byrddau yn y *taverna* newydd yn tyfu mymryn bach wrth i'r bachyn crosio yn ei dwylo medrus blycio i mewn ac allan yn gelfydd.

Dwi'n ffrindiau mawr efo Nain. Nain wedi dweud llawer o hen storïau wrtha i yn y gegin yng nghefn y siop pan oedd hi'n fy ngwarchod a Dad a Mam yn brysur, brysur yn gweithio yn y siop am oriau hir tra oedden nhw'n ceisio codi'r busnes ar ei draed. Dwi wrth fy modd efo hen storïau. Ddywedodd hi'r un gair am funud ar ôl imi orffen siarad. Yna, nodiodd. Unwaith. Ddwywaith.

'A'i mago,' meddai hi. 'A'i mago. Cas gŵr nas caro'r wlad a'i mago. Ie. Wel. Da. Da. Da iawn hynna. Isio cofio hynna. Doeddwn i ddim wedi meddwl am hynna.'

A nodiodd drachefn.

Edrychais innau ar y mat yn tyfu yn ei dwylo, yn falch ei bod hi'n dechrau deall.

'Darn arall o we pry cop?' pryfociais.

A chwarddodd Nain.

Hen beth gwael faswn i taswn i ddim yn cefnogi tîm Cymru. Ond dim ond gêm ydi hi, yntê? Mae yna bethau eraill pwysig i mi . . .

Dwi'n meddwl fod Mr Burgess yn

bananas yn mopio gymaint efo pêl-droed. Dwi'n meddwl fod yr hogiau eraill yn bananas hefyd ac mae'n siŵr y byddai o a nhw'n meddwl 'mod i'n bananas hefyd petaen nhw'n gwybod efo be ydw i'n gwirioni. Mae o mor addas eu bod nhw'n fy ngalw i'n Spi-Sbei! Felly fe lyncais fy mhoeri a chroesi bysedd fy NWY law tu ôl i'm cefn cyn dweud yn blaen, ar ôl iddo fo ofyn,

'Beth am bêl-droed?'

'Dwi'n ei gasáu o a dwi'n gwastraffu amser bob pnawn Gwener.'

Ddywedodd o ddim byd am funud neu ddau. Dim ond edrych arna i. Wedyn, meddai fo,

'Roedd hynna'n ddewr iawn, Spi.'

'Yyyy? . . . Pardwn dwi'n feddwl . . .'

'Ddim yn hawdd dweud hynna. Dangos fod gen ti asgwrn cefn. Isio asgwrn cefn a darn i fod yn wahanol i bawb arall. Bwysig bod fel'na. Sobor o beth gwneud rhywbeth ddim ond am fod pawb arall yn ei wneud o. Peryglus hefyd.'

Ro'n i'n falch o'i glywed o'n dweud

hynny oherwydd ro'dd arna i ofn yn fy nghalon pan welais ei wyneb o i ddechrau. Credais ei bod hi wedi gorffen arna i am byth. Ro'dd arna i ofn braidd ei fod o'n mynd i wylltio efo fi. Ond bron iawn na fyddai hynny wedi bod yn well na'r hyn welais i ar ei wyneb o, wedi imi sylweddoli beth oedd o.

Siom.

'Wyt ti wir? O! Wyt ti?' gofynnodd. 'Mae'n ddrwg gen i, Spi. Yn ddrwg iawn gen i nad wyt ti ddim yn cael y sbort . . .'

Ond rydw i yn cael sbort . . . mewn ffordd wahanol. Ond does gan neb arall ddiddordeb yn 'run pethau â fi felly dydw i ddim yn trafferthu i sôn am y peth.

'Mae o'n gymaint o hwyl . . .'

Hwyl, wir!

Yr hen fwd gwlyb annifyr yna'n sglefr ar fy mhenliniau a'm coesau ac yn waeth fyth ar fy nwylo. Roedd o'n ddigon drwg pan oedd o'n wlyb, yn ludiog ac yn annifyr. Ond roedd o hyd yn oed yn waeth pan oedd o wedi sychu ac wrthi'n sychu. Yn haen galed afiach a honno'n cracio. Yn treiddio o dan f'ewinedd i. Yn casglu'n gramen anghynnes rhwng fy mysedd. Ych a fi!

Bananas.

'Y golled wyt ti'n ei gael! Y cyffro! Ogla'r glaswellt ffres yn cael ei sathru dan draed ar y cae. Y gic ar flaen dy droed a'r bêl yn suddo i mewn i'r rhwyd. Miwsig rhu'r dorf yn chwyddo yn dy glustiau di . . .'

Y fath rwtsh! Hollol bananas.

Ond fedrwn i ddim dweud hynny wrtho fo, na fedrwn! Fasa fo ddim yn deall y cyffro yna fydda i'n ei gael yng nghanol fy mol a'r ysfa yna sy'n cosi ym mhen fy mysedd i a'r cryndod sy'n fiwsig i mi . . .

'Mr Burgess,' eglurais. 'Dwi YN cael sbort . . .'

Edrychodd yn amheus iawn arna i.

'Yn gwneud pethau eraill . . .'

A doeddwn i ddim am fynd i drafferth i egluro iddo fo sut chwaith. Dim ond i mi beidio â gorfod mynd allan ar y cae yna wedyn. Dim ond i mi beidio â gorfod bod yng nghanol criw o fwystfilod gwylltion yn udo am fy ngwaed i dim ond am imi fethu cicio rhyw swigen yn llawn gwynt. Dim ond imi beidio â chael fy mhwnio o'r neilltu yn ddiamynedd am imi ei chicio hi'r ffordd anghywir. Dim ond imi beidio â chlywed fy ffrindiau yn fy rhegi'n flin am 'mod i'n anobeithiol, hollol anobeithiol.

Ffrindiau?

Maen nhw'n newid y munud yr awn ni allan ar y cae. Nage. Dydi hynna ddim yn iawn. Maen nhw'n newid y munud maen nhw'n newid. Newid i ddillad pêl-droed. Newid i esgidiau pêl-droed. Maen nhw'n wahanol o'r munud hwnnw.

Maen nhw fel y plisman hwnnw y clywais i amdano unwaith. Yn gwisgo ei lifrai ac wrth ei waith tu cefn i olwyn car yr Heddlu roedd o'n chwip o yrrwr. Neb cystal ag o. Wedi hen arfer gwibio yn ôl ac ymlaen ar hyd traffyrdd ar y cyflymder uchaf bosibl. Doedd fawr o obaith gan unrhyw ddrwgweithredwr ddianc o'i flaen o.

Mi fyddai o'n mynd adref o'i waith, yn tynnu ei lifrai ac ar ddiwrnod rhydd yn mynd â'i deulu allan yn ei gar ei hun. Ac yn yrrwr anobeithiol. Yn mynd dow-dow bach.

Yn ara deg ddifrifol. Yn ddigon â gyrru unrhyw un fyddai'n gorfod teithio efo fo'n wallgof.

Felly mae'r hogiau yn fy nosbarth i. Maen nhw'n ffrindiau efo fi fel arfer. Spi-Sbei-Sbort. Eu mêt nhw ydw i. Ond y munud maen nhw'n gwisgo eu dillad pêl-droed nid Spi ydw i ond rhyw beth llipa maen nhw'n ddiamynedd efo fo am nad ydi o'n ddim caffaeliad o gwbl mewn tîm pêl-droed, rhywun nad ydyn nhw mo'i eisiau yn eu tîm nhw, rhywun y byddai'n well ganddyn nhw petaen nhw ddim yn ei nabod.

Dydw i ddim yn hoffi hynny, felly mae'n gallach imi beidio â mynd ar gyfyl y cae pêl-droed, yn tydi?

'Mr Burgess,' meddwn i, 'dwi'n hollol anobeithiol am chwarae pêl-droed . . .'

'Spi! Rhaid iti beidio â siarad fel'na! Dydi hi ddim yn bosib i bawb ddysgu popeth cyn gyflymed â'i gilydd. Mi ddoi di 'sti. Mi fedret ti wella . . . ymarfer . . .'

Ysgydwais fy mhen.

'Dydw i ddim yn debygol o wella bellach, nac ydw?'

Gwelais ar ei wyneb ei fod o'n cytuno ond ei fod o'n rhy gwrtais i ddweud. Nid felly fydd yr hogiau!

'Dwi wedi cael syniad.'

'O?'

'Mae ar y tîm pêl-droed angen pethau eraill heblaw chwaraewyr.'

'Be ti'n feddwl?'

'Angen posteri i hysbysebu. Angen rhywun i drefnu gêmau. Fedrwn i wneud hynny, Syr. Fedrwn i eich helpu chi i wneud hynny. Fyddai hynny'n fwy o gyfraniad i'r tîm pêl-droed, yn byddai? Fasa hynny'n well na 'mod i'n gwastraffu amser allan ar y cae achos does gen i ddim gobaith caneri bod yn yr ail dîm hyd yn oed. Fasa gen i ddim gobaith bod mewn trydydd tîm pe bai 'na un!'

'Wel . . .'

'Felly ga i . . .'

'Ond Spi, beth am yr ymarfer?'

'Y yyy? Ymm, Ymmm . . . pardwn dwi'n feddwl.'

'Gen ti angen yr ymarfer.'

Angen wir! ANGEN! Gen i gymaint o

angen pêl-droed ag sydd gen i angen cur yn fy mhen ac mi ddywedais i hynny hefyd.

'Ti'n methu.'

'METHU?'

'Mmm. Ddim wedi deall.'

'Deall be?'

'Angen yr ymarfer ddwedais i, nid angen pêl-droed.'

'Ond 'run peth . . .'

'Nage. Angen yr ymarfer i dy gorff. Yr ymarfer y mae chwarae pêl-droed yn ei roi. Ti ddim yn deall. Meddylia am y peth. Ble'r wyt ti'n byw?'

'Ond Syr, 'dach chi'n gwybod yn iawn . . . dafliad carreg i lawr y ffordd. Y siop ar y gornel lle byddwch chi'n galw i brynu papur newydd . . .'

'Yn hollol. Fawr o waith cerdded iti i ddod i'r ysgol bob dydd, nac oes? Fawr o waith cerdded i fynd adref chwaith.'

'Nac oes . . .'

'Felly faint o ymarfer corff wyt ti'n ei gael?'

'Wel 'dan ni'n cael un cyfnod bob wythnos yn y gampfa efo chi, Syr.'

'Ugain munud. Hanner awr ar y mwyaf. A fedri di ddim dweud dy fod ti'n rhyw frwdfrydig iawn yn y fan honno chwaith, yn na fedri?'

'Wel . . .'

'Wyt ti'n meddwl . . .'

''Dan ni'n mynd i nofio unwaith yr wythnos hefyd, Syr.'

'Ydan. Ydan. Digon teg. Doeddwn i ddim yn cofio am hynny am funud. Ond wyt ti mewn difri yn meddwl fod hynna'n ddigon o ymarfer iti mewn wythnos? Iawn, Spi, mi faswn i'n falch o help gweinyddol gyda'r tîm a dwi'n cytuno fod gen ti fwy o gyfraniad fel yna, ond mi rydw i'n poeni y byddi di'n cael llai fyth o ymarfer corff. Mae pawb ei angen o 'sti. Bwysig fod pawb yn cadw'i gorff yn iach ac yn heini. 'Sgin ti ddim gobaith cadw'n ffit heb ymarfer. Fyddi di ddim yn rhedeg o gwbl wedyn . . .'

'Mi ddechreua i jogio,' addewais. 'Rownd y bloc o'n siop ni bob nos a bore. Mae o'n floc reit fawr . . .'

Unrhyw beth, popeth, i gael osgoi'r hen gae mwdlyd yna!

Lwc 'mod i wedi cadw f'addewid.

Lwc 'mod i wedi'i gadw fo'r pnawn hwnnw beth bynnag.

Oherwydd a bod yn onest dydw i ddim yn jogio bob bore. Ond rydw i'n mynd â'r papurau newydd rownd i Dad bob bore erbyn hyn ar gefn fy meic cyn mynd i'r ysgol, a does gen i ddim amser i wneud hynny a jogio yn y bore. Ond mae reidio beic yn ymarfer, yn tydi? A dwi'n cael pres. Dad yn talu i mi yn lle talu i fachgen arall. Waeth iddo fo hynny ddim, meddai fo. Cadw'r gwaith o fewn y teulu. Roeddwn i'n falch iawn fod Wayne Roberts wedi rhoi'r gorau i'r joban pan wnaeth o, a fod Dad yn meddwl 'mod i rŵan yn ddigon mawr i'w gwneud hi. Well i mi gael y pres na fo. Dyna oeddwn i'n ei feddwl. Pawb eisiau pres, yn tydi?

Lwc imi fod yn jogio yn y pnawn ar ôl ysgol neu fyddwn i ddim wedi digwydd gweld Mrs Corrigan. Mrs Corrigan, mam Beth.

2

'Prydferth!' meddai Beth y tro cyntaf erioed imi ei gweld hi. 'Prydferth ofnadwy!'

A syllodd ar y ddynes â'i llygaid mawr porffor.

Wir rŵan. Porffor. Porffor golau. Doeddwn i ddim wedi gweld llygaid tebyg iddyn nhw erioed o'r blaen. Efo'r gwallt euraid-oren yn ffrâm gyrliog fel cwmwl hardd o amgylch ei hwyneb roedd hi'n ddel fel pictiwr, a'r wên yn dangos rhes o ddannedd mân fel perlau gwynion yn ddigon i doddi calon o haearn.

Newydd ddechrau hoffi genod ydw i. Pan oeddwn i'n hogyn bach doeddwn i ddim yn eu hoffi nhw o gwbl. Doeddwn i ddim eisiau eistedd wrth ochr un ohonyn nhw yn yr ysgol a doeddwn i ddim yn hoffi gorfod gafael yn eu dwylo nhw yn y parti dawnsio gwerin erbyn Eisteddfod yr Urdd, nac yn y Twmpath Dawns chwaith. Pan gwynais i wrth Dad fe ddywedodd o y byddwn i'n siŵr o newid fy meddwl.

'Hy!' wfftiais. ''Run fath ag efo pêl-droed, ie?'

Oherwydd mae Dad hefyd wedi mopio efo pêl-droed ac erstalwm byddai'n dweud y byddwn i'n siŵr o gael y clwy hefyd. Ches i ddim, wrth gwrs, ac felly doeddwn i ddim yn meddwl y byddwn i byth yn hoffi genod chwaith.

Ond roedd Dad yn iawn ynghylch genod.

Ac fe feddyliais i yn sydyn, pan welais i'r eneth, mai un fel yna yn union hoffwn i ei chael yn ffrind da ac yn gariad. Un ddel, i ni'n dau gael sbort efo'n gilydd. Wel, does gen i ddim brawd na chwaer yn gwmni, nac oes? Yr unig obaith sy gen i o gael cwmni i mi fy hun ydi cael cariad yn ffrind imi gael rhannu pethau efo hi. Ac roeddwn i'n hoffi hon y munud y gwelais i hi.

Pawb i fod i gael sbort, yn tydi? Dwi yn cael sbort ond dwi'n siŵr y byddwn i'n cael mwy o sbort petai gen i rywun i'w rannu o efo mi.

Gwelais wyneb y ddynes yn gwedd-newid.

Roedd hi wedi edrych mor ddig a welwn

i ddim bai o gwbl arni. Felly baswn innau wedi edrych hefyd petai rhywun yn ceisio dwyn fy mhres i. Camais i mewn i ganol y ddrama pan ddigwyddais fynd rownd cornel stand canol y siop. Ail-lenwi'r silffoedd un gyda'r nos roeddwn i ac roedd gen i lond fy hafflau o bapur toiled.

Pethau fel yna ydan ni'n ei gadw yn ein siop ni. Siop fechan ydi hi a rydan ni ar agor o ben bore tan hwyr y nos. Yr unig ffordd i gael busnes, meddai Dad. Hynny a gofalu fod gynnon ni brif angenrheidiau bywyd mewn stoc yn gyson. Bwydydd a phethau y mae pawb yn eu defnyddio bob dydd. Pethau maen nhw'n sylweddoli'n sydyn eu bod nhw'n fyr ohonyn nhw a'r archfarchnad wedi cau neu'n rhy bell i bicio yno i nôl un neu ddau o bethau a phethau na fydden nhw'n eu cadw yno beth bynnag, bwydydd Groegaidd, wrth gwrs, a bwydydd Indiaidd a Chineaidd hefyd a'r cynhwysion ar gyfer eu gwneud nhw. Cadw digon o reis, brown a gwyn a pheth gwyllt, a'r sbeisys a'r perlysiau angenrheidiol. Digon o fwydydd brecwast a bwydydd tun, ffa coch a phob math o basta, jam, marmalêd a mêl a chynnig gwasanaethau angenrheidiol eraill.

'Pobl isio gwybod pethau yn y fan yma yn union fel yn ein pentref bach ni yng Ngwlad Groeg erstalwm,' meddai Dad pan ddaethon ni yma.

Doedd Mam na Nain ddim yn cytuno.

'Nid mewn pentref ydan ni rŵan,' medden nhw, 'ond mewn dinas.'

'Pobl isio gwybod be sy'n digwydd yn agos atyn nhw 'run fath,' atebodd Dad, a mynd ati i osod hysbysfwrdd i fyny.

Yn fuan iawn roedd o'n llawn o hysbysebion a cheisiadau:

Angen rhywun i roi gwersi piano i ferch wyth oed.

Angen rhywun i roi gwersi ffidil . . . gitâr . . . trombôn . . .

Angen cartref da i gath fach ddu a gwyn.

Ar werth: cót babi mewn cyflwr da.

Yn eisiau: stof nwy mewn cyflwr da . . .

Doedd dim cyfeiriad arnyn nhw.

''Dach chi ddim isio rhoi gwahoddiad i ladron,' fyddai geiriau Dad, wrth gwsmeriaid soniai am wneud hynny. 'Gan' nhw gysylltu efo fi a finnau gysylltu efo chi. Punt yr wythnos am roi cerdyn i fyny. Iawn?'

Ac roedd hynny'n amlwg yn fwy na 'iawn' gan gwsmeriaid a dechreuodd pobl ddod i mewn yn un swydd i roi hysbysebion i fyny. Fyddai'r hysbysfwrdd byth yn wag. A dweud y gwir, byddai bron yn llawn bob amser a Mam a Nain wedi gorfod cytuno erstalwm ei fod o hefyd yn denu llawer i mewn i'r siop. Ac unwaith roedden nhw i mewn prin yr âi neb allan heb brynu un neu ddau o bethau . . . a dod yn ôl am fod y lle mor handi.

Mae Dad bob amser yn cadw llygad ar be rydan ni'n ei werthu.

'Cofiwch wneud nodyn os bydd rhywun yn gofyn am rywbeth nad ydan ni ddim yn ei gadw,' meddai'n gyson. 'Ymddiheuro nad ydan ni ddim yn ei gadw fo a dweud y gwnawn ni'n gorau i'w gael o ac y byddwn ni wedyn yn ei gadw mewn stoc os gwelwn ni fod galw amdano fo.'

'Esgusodwch fi, os gwelwch yn dda,'

meddwn i wrth y cwsmeriaid y noson honno, y noson gyntaf y gwelais i Beth.

Ond wyddwn i ddim beth oedd ei henw hi bryd hynny. Wyddwn i ddim pwy oedd hi a wyddwn i ddim byd amdani hi.

Gwthiais heibio i ddau neu dri o bobl oedd yn llenwi'u basgedi yn frysiog ar eu ffordd adref, pobl oedd wedi dod i lawr oddi ar y bws ac yn cythru i brynu hyn a'r llall ar gyfer gwneud swper. Trewais fy mhenelin ar ochr y stand. Syrthiodd rhai o'r rholiau a threiglo rownd y gornel. Wedi gosod y lleill ar y silff waelod es ar eu holau a gweld Beth am y tro cyntaf.

Mae dwyn bob amser yn broblem. Mae gynnon ni gamerâu o amgylch y siop a sgrin wrth y til i bwy bynnag sydd yno fedru gweld beth sydd yn digwydd rownd pob cornel. Dwi fy hun wedi gweld pobl yn helpu'u hunain i bethau oddi ar y silffoedd cyn heddiw ac yn eu stwffio i'w pocedi a'u bagiau eu hunain yn hytrach nag i un o'n basgedi ni. 'Dan ni wedi cael criw o hogiau mawr yn rhuthro i mewn ac yn cythru am ddyrneidiau o fariau siocled a fferins ar y cownter o flaen y til o dan drwyn Mam, ac allan â nhw cyn i neb sylweddoli'n iawn beth oedden nhw'n ei wneud. Welson ni ddim ond lliw eu penolau nhw'n diflannu rownd y gornel pan redon ni ar eu holau nhw.

Ond nid dwyn o'r siop oedd hyn. Roedd hyn yn wahanol. Cwsmer yn dwyn oddi ar gwsmer arall oedd hyn.

Oedd yr eneth yn gwsmer?

Efo pwy oedd hi? Oedd hi efo rhywun?

Oedd ganddi arian i brynu rhywbeth? Doedd dim golwg o bwrs na bag . . .

Dyna wibiai drwy fy meddwl y munud y gwelais i hi.

Roedd o mor amlwg beth oedd wedi digwydd: hongiai'r bag ar agor ar fraich y ddynes a'i gynnwys, llyfr sieciau a waled yn bochio o arian papur, pwrs llawn yr olwg a bag coluro ynghyd â phob math o bethau eraill, i'w gweld yn eglur, bron iawn â syrthio allan, yn hwylus iawn, iawn, IAWN i rywun gydio ynddyn nhw a mynd â nhw . . .

Bag o ledr meddal oedd o. Du oedd y top a'r gwaelod a'r ochrau ond roedd y canol ar y ddwy ochr wedi ei blethu fel gwaith basged o stribedi lledr lliwgar digon o ryfeddod: coch a gwyrdd, melyn a glas, porffor a gwyn, a'r rheini'n lliwiau cynnes, hardd. Doedden nhw ddim yn lliwiau oedd yn sgrechian arnoch yn hyll. Lliwiau cyfoethog, llednais iawn oedden nhw, yn eich denu i syllu a syllu arnyn nhw. Ac roedden nhw'n mynd i mewn ac allan ac yn ôl ac ymlaen drwy'i gilydd fel bod lleoliad y lliwiau wrth ymyl ei gilydd yn newid o hyd, fel petaen nhw'n wincian mewn trefn wahanol. Mae'n siŵr nad oedd y clasp ar y top oedd yn ei gau ddim yn aur. Ond roedd o'n felyn ac yn sgleinio fel aur.

Roedd o YN fag hardd.

'Prydferth.'

Ac fe lwyddodd hi i ddarbwyllo'r ddynes mai dim ond edmygu ei bag hardd roedd hi, ei bod hi'n ei fwytho fo fel petai'n gath fach ac iddo ddigwydd agor. Ddywedodd hi mo hynny wrth gwrs. Ond gwelais y dicter yn diflannu oddi ar wyneb y wraig wrth weld y wên anhygoel a chlywed y llais bychan swynol yn yngan yr un gair.

Ac nid 'pRydfeRth' ddywedodd hi chwaith, ond 'pFydfeFth'.

'Wps!' meddai hi wedyn. 'Mae o 'di agof!'

A rhoi ei llaw ar y clasp a'i gau.

'Del!' meddai hi wedyn a rhoi mwythau bach i'r bag fel petai o'n anifail anwes. 'Ta-ta!' meddai hi wrth y ddynes a llithro draw oddi wrthi.

Yr eiliad wedyn roedd hi wedi diflannu allan drwy'r drws ac fel fflach roeddwn innau yno . . . wedi gweld y wraig yn wên i gyd fel petai'r haul wedi tywynnu arni am funud bach. Yna, fe aeth hi ymlaen â'i negeseuau wedi llwyr anghofio yn ôl pob golwg iddi hi fod ag unrhyw amheuaeth o gwbl fod rhywun am ddwyn ei phres hi. Roedd rhyw wên fach yn chwarae ar ei gwefusau hi o hyd . . . fel petai hi'n dal i gofio pleser y cyfarfyddiad bach annwyl gyda geneth mor hoffus.

Y wên fach angylaidd yna!

Yr olwg ddiniwed ar yr wyneb tlws!

A'r siarad fel geneth fach, lawer llai na'i hoed hi!

Twyll oedden nhw i gyd. Twyll i guddio fod ganddi hi ddwylo blewog. Lleidr oedd yr hen gnawes fach slei. Doedd y ddynes ddim wedi sylweddoli hynny. Efallai ei bod hi ar fin sylweddoli ond fe'i twyllwyd i gredu'n wahanol. Ond doedd y ferch ddim wedi fy nhwyllo i. O, nac oedd!

Yn sydyn, teimlwn yn flin iawn. Blin efo fi fy hun. Roeddwn i'n hoffi'r hogan yna. Y munud cyntaf y gwelais i hi roeddwn i wedi meddwl ei bod hi'n rywun fel brenhines y tylwyth teg am ei bod hi mor dlws. A'r peth nesaf dyma fi'n cael fy nadrithio'n llwyr. Y fath siom. Doedd hi'n ddim byd ond lleidr.

Ond doedd y cwsmer ddim wedi sylweddoli hynny.

Diolch byth.

Helynt fyddai hynny. Helynt yn y siop. A doedd Dad na Mam ddim yno. Dim ond Nain a fi oedd yno a gwyddwn yn iawn y byddai Nain yn cynhyrfu'n lân efo peth fel hyn. Beth fyddai wedi digwydd? Doeddwn i erioed wedi clywed am gwsmer yn dwyn oddi ar gwsmer o'r blaen.

Ond er bod yr eneth yna wedi llwyddo i dwyllo'r ddynes nad oedd hi ddim yn bwriadu dim drwg o gwbl, doedd hi ddim wedi llwyddo i 'nhwyllo i. Ro'n i wedi gweld ei llaw hi. Yn yr eiliad honno pan oeddwn i wedi troi 'mhen i ddilyn trywydd y papur toiled, drwy fwlch gwag ar y silff roeddwn i wedi gweld y llaw fechan yna'n cau'n dynn am y clasp ac yn rhoi tro arno. Tro hollol fwriadol. Doeddwn i ddim wedi gwneud camgymeriad. Roedd fy llygaid i wedi eu hoelio ar y llaw yna fel llygad camcorder yn swwwmio i mewn i ganolbwyntio'n agos ar wrthrych wrth ffilmio. Y llaw a dim ond y llaw. Dyna welais i am eiliad cyn i mi fynd rownd y gornel, eiliad ddigon hir imi wybod yn iawn beth oedd perchennog y llaw yn ei wneud.

Biti i mi weld ei llaw hi. Biti mawr hefyd. Teimlwn yn flin iawn efo fi fy hun.

Spi-Sbei-Sbort!

Dyna oedden nhw'n fy ngalw i am 'mod i â 'nhrwyn ym mhob peth ac yn chwerthin am bob dim o hyd, medden nhw. Cofiais fel y byddai Mam yn dweud gymaint o boendod oeddwn i pan oeddwn i yn hogyn bach.

'Isio gwybod sut roedd popeth yn gweithio,' meddai hi. 'Pob car bach neu degan oedd yn symud, roedd yn rhaid i ti gael ei dynnu o'n ddarnau. Mynd i fol popeth i gael ei weld o'n iawn! "Isio gweld! Isio gweld! Isio gweld!" dyna fyddet ti'n ei weiddi byth a hefyd. Digon â gyrru rhywun yn wallgof a dweud y gwir!'

'Mi weli di ormod ryw ddiwrnod, 'ngwas i,' meddai Nain yn bigog unwaith. Dwi ddim yn cofio'n iawn pam erbyn hyn.

Dwi'n cofio beth ddywedais i.

'Amhosib, *Iaia*! Fedar neb byth weld gormod, siŵr iawn.'

Ond dyna'n union oedd wedi digwydd. Byddai'n dda gen i petawn i ddim wedi gweld hyn. Doeddwn i ddim eisiau ei weld o. Ond roeddwn i wedi gweld beth oedd wedi digwydd, felly beth oeddwn i'n mynd i'w wneud?

Y peth hawsaf i'w wneud, wrth gwrs, oedd dim byd. Dim byd o gwbl. Wel, doedd dim byd wedi digwydd, nac oedd? Ac roedd yr eneth wedi gadael ein siop ni . . .

Ond beth petai hi'n dod yn ôl? Fyddai hi'n ceisio dwyn wedyn? Byddai mae'n siŵr. Os oedd hi wedi rhoi cynnig arni unwaith, byddai'n sicr o roi cynnig arni wedyn ac efallai y byddai'n llwyddo a rhywbeth annifyr yn digwydd yn ein siop ni . . .

Rhuthrais ar ei hôl i lawr y llwybr canol; ar y dde imi hymiai'r rhewgelloedd ar gyfer cig a physgod a hufen iâ yn y rhan lle'r oedd papurau a chylchgronau, ac ar y chwith roedd y silffoedd nwyddau a chwiff o arogl y sbeisys a'r perlysiau yn llifo i'm ffroenau. O'm cwmpas ym mhobman roedd pobl yn gwibio fan hyn a fan draw yn llenwi eu basgedi weiren ac roedd yn rhaid imi ogwyddo ffordd hyn a ffordd acw i osgoi clystyrau ohonyn nhw wedi hel at ei gilydd i sgwrsio.

Cyrhaeddais y drws o'r diwedd. Curai fy nghalon yn gyflym iawn. Oeddwn i'n rhy hwyr? Oeddwn i wedi petruso gormod cyn cychwyn ar ei hôl hi? Ffordd aeth hi? I lawr y briffordd neu i fyny'r groesffordd?

Edrychais i fyny ac i lawr yn wyllt. Roedd y palmentydd yn brysur a dim golwg ohoni. Teimlwn yn flin iawn efo fi fy hun . . . yr holl bendroni yna ynghylch beth ddylwn i ei wneud wedi mynd yn hollol ofer . . .

Roeddwn i ar fin troi'n ôl at y drws pan dynnwyd fy sylw gan gip o rywbeth pinc. Gwisg binc oedd ganddi hi amdani . . . es ar hyd y palmant a dyna lle'r oedd hi ychydig tu blaen imi ac yn yn mynd at ddynes oedd yn amlwg yn disgwyl amdani ar y palmant ychydig yn is i lawr na drws ein siop ni. A gwnaeth hynny imi stopio'n stond.

Roeddwn i wedi rhuthro ar ei hôl hi ac wedi penderfynu dweud,

'Hei! Be wyt ti'n feddwl wyt ti'n ei wneud yn dwyn yn ein siop ni?'

Achos roeddwn i'n meddwl fod rhywun oedd yn defnyddio ein siop ni i ddwyn yn ddigywilydd fel pen rhaw.

'Paid ti â dod ar gyfyl ein siop ni eto. Os wyt ti'n methu cadw dy hen ddwylo blewog i ti dy hun, dos i rywle arall. Dos! Sgiat! Gwadna hi! Mi fyddwn ni'n gyrru am yr

Heddlu y munud y gwelwn ni di ar gyfyl y lle 'ma eto.'

Dyna oeddwn i'n mynd i'w ddweud wrthi hi.

Wel, roedd yn rhaid imi wneud rhywbeth. Fi a neb ond fi welodd hi. Roedd yn rhaid i mi wneud rhywbeth, yn toedd? Beth petai'n dod yn ôl i'n siop ni i ddwyn oddi ar rywun arall? Fasa Dad wedi dweud fod gen i gyn lleied o asgwrn cefn â physgodyn jeli petai'n gwybod 'mod i'n gwybod beth wnaeth hi unwaith ac imi wneud affliw o ddim byd.

Dyna sydd gen i hefyd. Oherwydd dyna'n union wnes i. Dim byd.

Roedd hi wedi rhedeg allan drwy'r drws ac ar hyd y palmant, ond fel roeddwn i'n gwylio arafodd. Nage. Stopiodd. Yna, ail-gychwynnodd yn araf, araf, yn llusgo'i thraed fel petai'n gas ganddi symud. Sefais yn llonydd yn lle'r oeddwn i a gadael i'r holl gerddwyr brysiog lifo heibio imi, gan gael ambell bwniad digon cas gan fag siopa trwm neu gornel basged galed wrth imi oedi yno. Edrychai ar wyneb y ddynes oedd yn aros amdani.

Ei mam?

Ie, mae'n siŵr . . .

A gwelais mor flin yr edrychai honno.

'Eitha gwaith â chdi, mei ledi,' meddwn i wrthyf fy hun. 'Rwyt ti'n mynd i'w chael hi am fethu cadw dy hen ddwylo blewog i ti dy hun. Mae dy fam yn mynd i ddweud y drefn wrthat ti am fod mor ddrwg.'

Twp.

Hollol dwp.

Sôn am fod yn hollol, hollol dwp.

Spi-Sbei wir!

Sbeis yn glyfar, yn tydyn? Fel ditectifs. Yn casglu gwybodaeth yn ofalus ar sail tystiolaeth ac wedyn dod i gasgliad.

Dyna oedd y drwg. Mi neidiais i i gasgliad heb weld digon o dystiolaeth. Dydi hynny ddim yn glyfar o gwbl. Roeddwn i wedi gweld yr eneth yn ceisio dwyn a rŵan roeddwn i'n gweld oddi wrth wyneb a holl osgo ei mam ei bod hi'n flin efo hi ac felly fe feddyliais i fod ei mam yn flin efo hi am geisio dwyn.

Doeddwn i fawr o feddwl fod gen i gymaint i'w ddysgu. Lot, lot, lot fawr i'w ddysgu.

Gwelwn o'r fan lle'r oeddwn yn sefyll ei bod hi'n crynu i gyd.

Wel, ie. Mi fyddwn innau wedi bod yn crynu yn fy sodlau hefyd petawn wedi cael fy nal yn dwyn. Mi fyddai arna innau ofn wynebu fy mam petawn i wedi bod yn gweld fy ngwyn ar bethau pobl eraill hefyd. Edrychai mor denau. Sylwais ar hynny'n sydyn. Edrychai'n dlws fel tywysoges ond yn ddigon tenau i wthwm o wynt ei chwythu ymaith. Gwelais y ddynes dew 'ma. Roedd ei gwallt hir wedi ei liwio, gwisgai ffrog flodeuog ac roedd hi'n sefyll draw ar y palmant fel petai hi'n aros i'r eneth ddod yn nes ond doedd yr eneth ddim fel petai hi eisiau cyrraedd ati.

Fyddwn innau ddim eisiau cyrraedd at Mam petai hi wedi fy nal yn dwyn chwaith . . . a dyna pryd y dechreuais i deimlo ryw fymryn bach, bach, y mymryn bach lleiaf un, o gydymdeimlad â'r eneth.

Dim gormod . . . achos roedd hi wedi ceisio dwyn, yn toedd?

Ddim yn iawn i neb ddwyn, nac ydi?

Neb i fod i weld ei wyn ar bethau pobl

eraill, nac ydyn?

Beth sy'n iawn sy'n iawn, yntê?

Yntê?

Ac roedd yn rhaid i'w mam ddweud y drefn wrthi, yn toedd? A hithau wedi ceisio dwyn, doedd gan ei mam ddim dewis. Petai hi ddim wedi dweud y drefn wrthi mi fyddai hi wedi dal ati i ddwyn a dwyn ac nid rhywbeth bach fyddai hi'n ei ddwyn cyn bo hir ond rhywbeth mawr.

'A ddwg wy, a ddwg fwy.'

Dyna maen nhw'n ei ddweud.

Ac mae hynna'n hen, hen ddywediad a phobl wedi dysgu ei ddweud o am ei fod o'n wir.

A phetai'r eneth yna yn dal ati i ddwyn, byddai'n bownd o gael ei dal cyn bo hir. O byddai. Châi hi ddim carchar y tro cyntaf, na'r ail chwaith, mae'n siŵr. Ond carchar fyddai hi yn y pen draw. Fyddai ei mam ddim eisiau i hynny ddigwydd, na fyddai? Felly roedd yn sefyll i reswm y byddai'n dweud y drefn wrthi am ddwyn. Dweud y drefn yn hallt hefyd. Fyddai hi ddim yn fam dda os na fyddai'n gwneud, na fyddai?

Cefais gip ar wyneb yr eneth. Diflannodd y wên bellach. Collodd yr wyneb ei ddisgleirdeb gloyw. Edrychai'n feinach rywfodd. Roedd golwg ofnus, ofidus arni a'i llygaid yn byllau mawr crwn yn rhythu'n wyliadwrus . . . ar ei mam.

A'r munud hwnnw y teimlais rywbeth . . . rywbeth . . . beth?

Ansicrwydd?

Amheuaeth . . . ychydig bach o amheuaeth.

A fflachiodd mellten fawr olau drwy fy mhen.

SUT GWELODD HI?

Doedd y fam ddim yn y siop pan oedd yr eneth am ddwyn. Doeddwn i ddim wedi ei gweld hi yno a doedd dim posib iddi fod yno oherwydd roedd hi'n rhy bell i ffwrdd ar y palmant pan es i allan.

SUT GWELODD HI?

Drwy'r ffenest?

Ond roedd y fan lle safai'r eneth efo'r ddynes wrth gornel y rhewgell yn rhy bell o'r ffenest . . .

Yn toedd?

OEDD!
Felly . . .
Felly . . . FELLY SUT GWYDDAI'R FAM FOD YR ENETH WEDI CEISIO DWYN????

Yn sydyn teimlwn yn annifyr iawn. Roedd o fel gwylio fideo a sylweddoli nad oeddwn i eisiau ei gweld hi. Ond doedd o ddim mor syml â fideo.

Dwi'n lwcus efo nhw. Rydan ni'n eu cadw nhw yn y siop. Yn eu llogi nhw allan i bwy bynnag sydd eu heisiau nhw a rydw i'n cael dewis beth bynnag ydw i eisiau ei weld ohonyn nhw am ddim. Ond os ydw i'n penderfynu ar ei hanner hi nad ydw i ddim yn ei hoffi hi neu nad oes gen i ddim 'mynedd i ddal ati i'w gwylio hi, y cyfan sy raid imi ei wneud ydi ei thynnu hi allan o'r peiriant yn fy llofft a mynd â hi'n ôl i'r siop a dewis rhywbeth arall yn ei lle hi. Dwi'n medru rheoli be sy'n digwydd. Fedrwn i wneud dim byd ynglŷn â'r ffilm welwn i ar y palmant o'm blaen. Roedd hi'n digwydd go iawn a fedrwn i wneud dim byd i'w stopio er 'mod i'n gwybod wrth edrych ar yr hogan fod rhywbeth annifyr yn mynd i ddigwydd. Ro'n i'n gwybod ym mêr fy esgyrn. Yn gwybod fel dwi bob amser yn gwybod pan fydd 'na sôn am rywun yn cael ei gau i mewn yn rhywle yn dod ar y teledu. Pobl yn ogofeuo ac yn gwasgu drwy dwneli, carcharorion yn cael eu cau mewn dyfnjwn, mewnfudwyr yn ceisio sleifio i'r wlad yn anghyfreithlon, yn cuddio mewn lorïau ac yn mygu i farwolaeth: maen nhw i gyd yn fy ngwneud i'n swp, swp sâl. Yn gwneud imi deimlo'n ych-a-fi ofnadwy. Codi'r dincod go iawn arna i. Codi cyfog hefyd. Gwneud i'm stumog gordeddu. Fy mol i fydd yn dechrau troi ac mi fydd 'na lwmp mawr yn fy ngwddw i fel bydd un yn mynd i ymddangos. Mi fydda i'n gwasgu 'ngheg yn dynn ac yn cau fy llygaid. Ond roedd yn rhaid imi wylio hyn. Gorfodai rhywbeth imi wneud.

Dychrynais am funud bach. Am na fedrwn i ddim rhwystro fy hun rhag edrych, a'r eneth yna yn hoelio fy holl sylw i. Roedd hi mor ddel. Ond fel y dynesai at y ddynes roedd hi fel petai hi'n edwino, fel petai'r lliw yn llifo allan ohoni. Dyna oedd yn fy mesmereiddio i.

Daliodd y fam ei llaw allan.

Dyna pryd y canodd y gloch oedd wedi dechrau rhyw dincian mymryn bach yn fy meddwl ers rhyw ychydig bach o eiliadau, yn uwch o lawer.

Roedd y ffordd y gwnaeth hi hynny'n fygythiol. Fedra i ddim egluro pam, ond roedd o. Roedd o mor fygythiol â phetai hi wedi tynnu gwn o'i phoced ac wedi ei anelu at yr eneth. Yn waeth os rhywbeth oherwydd efo gwn mae rhywun yn gwybod beth ydi'r bygythiad. Does 'na ddim amheuaeth o gwbl. Ond roedd hon yn dal ei llaw allan fel petai'n disgwyl cael rhywbeth gan yr eneth a hefyd yn disgwyl . . . a hefyd yn dweud . . . a hefyd yn addo . . . addo rhywbeth . . .

Beth?

Dim byd braf.

Daeth munud bach o dawelwch. Dim byd trwm yn mynd heibio ar y ffordd ac roeddwn i'n ddigon agos i glywed ei hen lais cas hi yn dod drwy'r gwefusau main.

'Ty'd â fo i mi, Beth!' gorchmynnodd.

Ysgydwodd yr eneth ei phen yn araf.

'Beth!' ysgyrnygodd. 'Dwisio fo rŵan!'

Ysgydwodd Beth ei phen yn llawn anobaith. Nid gwrthod rhoi rhywbeth i'w mam oedd hi. Roedd yn ddigon hawdd dweud hynny. Methu ei roi o. Llusgai ei thraed yn nes ac yn nes at y ddynes. A doedd hi ddim eisiau mynd. Roedd hithau fel petai wedi ei mesmereiddio hefyd, yn cael ei thynnu ymlaen fel petai rhyw bŵer cudd yn ei gorfodi i symud yn groes i'w hewyllys.

Aeth cyflymder yr hyn ddigwyddodd wedyn â'm gwynt yn lân. Saethodd braich y ddynes allan. Doedd gan yr eneth ddim gobaith osgoi'r glustan giaidd gafodd ar draws ei boch.

Osgoi?

Dyna gynhyrfodd fi fwyaf. Wnaeth hi ddim, naddo wnaeth hi ddim ymdrech o gwbl i'w hosgoi hi. Roedd hi'n ei disgwyl hi. Roedd hi'n ei derbyn hi heb brotest o fath yn y byd. Roedd hi'n glustan hegar, ond yn amlwg roedd hi wedi arfer efo rhai tebyg. Wnaeth hi ddim byd ond sefyll yno'n ddiobaith yr olwg.

Prin fod braich dde'r ddynes yn ôl wrth ei hochr nag y cododd ei braich chwith. Roedd hi'n mynd i gael clustan arall. Oedd! Oedd wir . . .

Na. Doedd hi ddim.

Yn araf lledodd bysedd ei llaw chwith allan fel crafanc gydag ewinedd hirion, blaenllym, fflamgoch, ac yna, yn gyflym yn awr, neidiodd i gydio yn nillad yr eneth, yn union o dan ei gwddw. Yn llawn o ryw rym bôn braich dialgar, cododd hi yn ei chrynswth gan roi tro ar y dilledyn fel petai hi am ei chrogi. Ond rhoi sgytfa hegar iddi wnaeth hi . . . a'i gollwng drachefn.

Roedd o'n union fel gweld llew neu deigr neu lewpart mewn sw yn cydio mewn darn o gig ac yn chwarae ag o cyn ei larpio. Dwi wedi gweld y cathod mawr yn gwneud hynny mewn ffilmiau bywyd gwyllt ar y teledu hefyd.

Yna, sodrodd ei mam hi i lawr ar y palmant a rhoi hergwd iddi i'w gorfodi i gerdded ymlaen. A dyna'r olwg olaf ges i arnyn nhw. Beth yn gorfod mynd o flaen ei mam a'i mam yn stampio'i ffordd ar ei hôl hi'n flin, yn prysur fynd o'm golwg yng nghanol y bobl ar y palmant.

Fedrwn i ddim gadael iddi ddiflannu am byth. Fedrwn i ddim. Wn i ddim pam. Doedd o ddim fel petawn i wedi gorfod rhoi'r gorau i edrych ar fideo dda heb gael gweld beth oedd y diwedd. Mae hynny'n ofnadwy. Dyheu am gael gwybod a byth yn cael gwybod.

Mae 'na fideos afiach o gwmpas. Hen ych-a-fideos hyll. Dwi 'rioed wedi gweld un ond dwi wedi clywed am rai wedi dychryn i ffitiau wrth edrych arnyn nhw. Wyddwn i ddim sut fideos oedd rhai felly yn iawn ond gwyddwn fod hon yn hen fideo fach ddigon bethma. Roedd hi'n waeth na dim un ych-a-fideo a dweud y gwir. Rhai smal oedden nhw. Un wir oedd hon. Perffaith wir. Gwyddwn hynny'n iawn. Digwyddodd popeth o flaen fy llygaid. Doedd dim modd gwadu iddo ddigwydd go iawn.

Doeddwn i ddim yn dyheu am gael

gwybod beth oedd yn digwydd wedyn yn yr hen fideo fach annifyr roeddwn i newydd ei gweld. Gorfod cael gwybod roeddwn i. Rhywbeth ofnadwy yn fy ngorfodi i gael gwybod beth oedd yn digwydd er nad oedd arna i fymryn o eisiau gwybod.

Rhedais ar eu hôl. Wn i ddim beth oeddwn i'n mynd i'w wneud ond doeddwn i ddim eisiau colli golwg ar Beth. Doedd wiw imi ei cholli hi. Fi oedd yr unig un oedd wedi gweld beth oedd wedi digwydd. Fi a neb arall. Roedd yn rhaid i MI wneud rhywbeth. Doedd gen i ddim gobaith. Doedd dim arlliw o ffrog flodeuog y ddynes pan gyrhaeddais i allan. Llyncwyd y ddwy gan y bobl ac er imi redeg ymlaen i'r un cyfeiriad am dipyn, doeddwn i ddim haws.

Stopiais a throi yn f'ôl. Yn araf gwthiais drwy'r bobl ar y palmant ac es yn ôl i'r siop. Roedd hi wedi gwagio tipyn yno erbyn hyn. Dim ond un dyn yn y gornel bellaf yn ceisio penderfynu pa fideo roedd o am ei logi am y gyda'r nos a dynes wedi cydio mewn papur newydd ac yn petruso uwchben y cylchgronau. Roedd Nain wrthi'n derbyn arian gan rywun. Gwthiais heibio iddi ac i ffwrdd â fi i'r cefn, yn falch ei bod hi'n rhy brysur i holi beth oeddwn i'n ei wneud. Doedd gen i ddim mynedd i sgwrsio.

Wyddwn i ddim beth i'w wneud. Ddyliwn i ddweud wrth rywun beth roeddwn i wedi ei weld? Ond beth oeddwn i wedi ei weld? Wyddwn i ddim . . . heblaw ei fod o'n annifyr.

Fyddai ddim yn hawdd egluro i neb. Fedrwn i ddim cael hyd i'r geiriau iawn. A dweud wrth bwy beth bynnag?

Dad a Mam?

Roedden nhw'n rhy brysur wrthi'n gweithio yn y *taverna* newydd i gael y lle yn barod i'w agor.

Nain?

Byddai'n poeni pe dywedwn wrthi. Yn poeni a fyddai hithau ddim yn gwybod beth i'w wneud chwaith. Doeddwn i ddim eisiau gwneud i Nain boeni. Petai gen i rywun yn gwmni . . .

Ond doedd gen i ddim.

Doedd gen i neb i siarad yn ddistaw efo nhw ac i ddweud y pethau oedd yn fy mhoeni, y pethau na fedrwn i mo'u dweud nhw allan yn uchel wrth bawb. Pethau fel hyn yn union.

Doedd gen i ddim mynedd i aros yn y gegin yn edrych ar y teledu. Es i fyny i'm llofft ond fedrwn i yn fy myw aros yno chwaith.

Gwyddwn yn iawn beth roeddwn i eisiau ei wneud. Beth oedd raid imi ei wneud i geisio anghofio'r hen olygfa yna, i geisio tawelu'r bwrlwm ofnadwy oedd tu mewn i mi, i geisio atal y dagrau oedd yn mynnu cronni yn fy llygaid.

Beth. Roedd hi mor dlws. A doeddwn i ddim, nac oeddwn, doeddwn i ddim yn hoffi ei bod hi'n cael ei thrin fel yna. Ac roedd rhywbeth ddim yn iawn. Wyddwn i ddim beth yn hollol, ond ym mêr fy esgyrn gwyddwn nad oedd rhywbeth yn iawn. Wyddwn i ddim beth, ond roedd rhywbeth.

O, iawn. Roedd hi wedi ceisio dwyn. Ond doedd hi ddim wedi gwneud. Doedd hi ddim. A doedd dim eisiau bod fel yna efo hi. Mor ofnadwy o ddialgar ac mor ddifrifol o gas. Ei tharo hi mor ddychrynllyd o galed. Hyd yn oed petai hi wedi gwneud, doedd o ddim yn iawn gwneud hynna.

Ac roedd yna rywbeth heb fod yn iawn . . .

Y ffordd y daliodd y fam ei llaw allan . . .

Ie! Hwnna oedd o. Hynna oedd ddim yn iawn . . .

Ond pam?

Taswn i wedi dwyn rhywbeth mi fyddai Mam eisiau ei gael o er mwyn ei roi o'n ôl, yn byddai?

Fyddai hi? Neu fyddai hi wedi gwneud i mi ei roi o'n ôl fy hun?

Ie. Dyna fyddai hi wedi ei wneud. Byddai hynny wedi dysgu gwers imi am byth oherwydd fyddai hi ddim yn hawdd rhoi rhywbeth yn ôl a chyfaddef imi ei ddwyn. Byddai'n GAS gen i wneud, ond dyna fyddwn i wedi gorfod ei wneud.

Ond roedd mam Beth am ei roi yn ôl drosti.

Oedd hi?

Doedd hi ddim yn edrych yn ddigon ffeind i wneud hynny. Ac roedd 'na rywbeth yn ei hosgo hi . . .

Ond doeddwn i ddim haws â phendroni. Snwffiais. Sychais fy wyneb efo fy llawes ac es i lawr y grisiau ac allan i'r cefn, rhoi'r golau tu allan i'r drws ymlaen, cydio yn fy fflachlamp a mynd yn syth i ben draw'r ardd.

Dydi hi'n fawr o ardd a dweud y gwir. Dyna pam roedd y golau cryf oddi wrth y drws yn taflu i'r gornel. Dim ond angen y fflachlamp pan fyddai fy nghorff i'n cysgodi'r lle pwysig o dan fy nhraed i fyddwn i. Does 'na fawr o ardd tu cefn i'r tai yn ein rhes ni. Mae'r rhan fwyaf o bobl wedi rhoi concrit neu deils mawr drostyn nhw oherwydd nad ydyn nhw ddim eisiau'r strach o edrych ar ôl gardd. Does 'na ddim digon o le i ardd iawn beth bynnag. Ond gan ein bod ni ar y gornel mae gynnon ni rywfaint yn fwy o le yn y cefn nag sydd ganddyn nhw. Hen wraig fu'n cadw'r siop am flynyddoedd cyn i ni ddod yma a doedd hi ddim wedi trafferthu i roi dim dros yr ardd. Doedd hi ddim wedi medru gofalu ar ôl yr ardd chwaith. Y cyfan oedd yno pan ddaethon ni yma oedd rhyw fymryn bach bach o le gwag wrth y drws cefn, digon i fynd rownd y gornel at y drws yn y wal i fynd allan i'r stryd, a gweddill y lle wedi ei orchuddio â drain a dail poethion a chwyn.

Fi sydd wedi ei chlirio hi. Neb arall efo amser i wneud. Ond doeddwn i ddim yn bwriadu ei chlirio hi chwaith. Dim ond digwydd wnaeth o.

'Be wyt ti isio'n anrheg Nadolig?' gofynnodd Mam llynedd.

'Darganfyddwr metel,' atebais yn bendant.

Ac fe ges i un! Ro'n i wrth fy modd. Y drwg oedd nad oeddwn i ddim yn cael hanner digon o gyfle i'w ddefnyddio. Byth ers pan soniwyd am agor y *taverna* newydd roedd Dad a Mam mor brysur. Dim ond yn anaml iawn roedden nhw'n medru mynd â fi i draeth imi gael defnyddio f'anrheg. Fedrwn i ddim mynd fy hun. Roedd yn rhy bell ac yn anhwylus iawn i fynd ar fws efo'r darganfyddwr.

Felly fe ddechreuais i fynd o amgylch y strydoedd a'r parciau ac un diwrnod am nad oeddwn i wedi cael fawr o lwc, wel, ddim wedi cael lwc o gwbl a dweud y gwir, fe es i rownd ein cefn ni.

Sôn am sioc!

Y darganfyddwr metel yn gwneud mwy o sŵn nag a glywswn ganddo erioed!

Meddwl fod yno domen o arian wnes i. Hen wraig wedi byw yno gydol ei hoes: dyna ddywedwyd wrthon ni. Ei theulu hi wedi bod yn cadw'r siop ers cenedlaethau. Ei thad o'i blaen hi a'i dad yntau cyn hynny. Meddwl i rai ohonyn nhw gladdu sofrenni aur ym mhen draw'r ardd rhag i ladron dorri i mewn i'r siop a'u dwyn nhw. Oherwydd roedd yna, siŵr o fod, ladron 'radeg hynny hefyd, yn toedd?

Curai fy nghalon yn gyflym iawn pan redais i'r cwt i chwilio am y rhaw a dechrau tyllu.

Roeddwn i wedi gorfod gwasgu'r drain a'r tyfiant i lawr cyn mynd yno. Roedd 'na ryw hen siswrn gwair yn y cwt hefyd ac ro'n i wedi bod yn ceisio torri a chlirio efo hwnnw er mwyn imi gael lle i ddechrau arni. Roeddwn i wedi hanner sylwi fod y tir o dan fy nhraed yn codi ym mhen draw'r ardd. Hanner sylwi efo un rhan o'm meddwl . . . achos ro'n i mor brysur yn meddwl am y sofrenni . . . neu'r arian, beth bynnag. Doeddwn i ddim wedi bod ddigon o gwmpas fy mhethau i sylweddoli beth oedd arwyddocâd hynny chwaith.

Tyllu . . . ac roedd hynny'n anodd a'r ddaear mor galed. Ond sodrais y rhaw yn y ddaear a sefyll arni i geisio torri'r dywarchen imi gael gweld beth oedd yno yn cynhyrfu gymaint ar fy narganfyddwr metel. Dyna lle'r oeddwn i, Spi-Sbei-Sbort, yn sbei go iawn ac yn cael andros o sbort!

A dyna siom . . . doedd o'n ddim byd mwy na hen dun.

Lluchiais ef o'r neilltu yn ddiamynedd y diwrnod hwnnw, wedi digio efo'r darganfyddwr metel druan am byth. Lluchiais ef i'r cwt efo'r rhaw a'u gadael efo'r siswrn yn y tywyllwch. Dydw i ddim yn meddwl imi hyd yn oed gau'r hen ddrws rhacslyd a doeddwn i ddim yn malio y gallai'r to tyllog adael y glaw i mewn i'w ddifetha'n llwyr chwaith.

Ddyddiau yn ddiweddarach y gwawriodd

y goleuni arna i. Diolch byth! Diolch BYTH imi sylweddoli fod 'na drysor gwahanol i sofrenni ac arian.

Wn i ddim beth yn hollol wnaeth imi sylweddoli hynny. Dim byd i'w wneud gen i ar y pryd, dwi'n meddwl. Es yn ôl efo triwel a fforch fechan o'r cwt a thyllu o amgylch y twll ro'n i wedi ei wneud y tro cyntaf.

Os oedd yna hen dun wedi cael ei daflu yno, gallai hen bethau eraill fod wedi cael eu taflu yno hefyd, gallai?

Gallai!

Roedd o fel petai Midias ei hun wedi bod yno!

'Rhen Fidias haerllug. Dyna sioc gafodd o! Eithaf gwaith â fo ddyweda i. Eisiau i bob peth a gyffyrddai droi'n aur, wir! Sôn am hurt! Sylweddolodd o ddim na fedrai o ddim bwyta nac yfed, naddo?

Nain ddywedodd ei hanes o wrtha i. Un o'r hen, hen storïau o wlad Groeg mae hi'n eu gwybod. Doedd yna ddim byd yn disgleirio'n felyn tu mewn i'r twll roeddwn i wedi ei gloddio. Doedd yno ddim byd a edrychai'n werthfawr chwaith. Ond wrth imi olchi rhai ohonyn nhw a'u glanhau nhw mae 'na rai pethau wedi dod i edrych yn ddigon hardd.

'Mae'n siŵr mai fel hyn y teimlai Midias,' meddyliais yn gyffro i gyd wrth eu gweld yn newid yn fy nwylo.

Ges i hyd i gwpan a soser ddigon od. Y gwpan oedd yn od, nid y soser. Roedd 'na rhyw ddarn ar draws top y gwpan. Cwpan fwstás ydi hi, meddai Mam, ac am ei bod hi, drwy ryw wyrth, yn gyfan heblaw fod crac ynddi, a'r lliwiau glas a phinc yn y patrwm blodeuog drosti yn hynod o hardd, mae hi'n gwrthod imi ei chadw hi yn fy llofft gyda'r pethau eraill rydw i wedi dod o hyd iddyn nhw.

'Mi cadwn ni hi'n ddiogel yn y cwpwrdd gwydr yn y gegin,' meddai Mam. 'Trysor fel'na yn haeddu cael ei gadw'n ddiogel.'

Dydw i ddim yn meddwl, nac ydw, dydw i ddim yn meddwl y byddai pawb wedi sylweddoli fod trysorau mewn dymp. Ond drwy lwc fe wnes i am fy mod i'n meddwl ei fod o'n gyffrous iawn cael hyd i bethau.

Dwi wrth fy modd yn chwilota yn y dymp. Dwi'n sbei yn sbïo i'r gorffennol ac yn cael sbort yn meddwl pam y taflwyd y pethau yno a phwy oedd biau nhw. Cha i byth wybod yn iawn, ond mae o'n sbort gwneud stori amdanyn nhw wrth dyrchu yn y fan honno ac mae stori yn gwmni da.

'Yn fanna rwyt ti'n llyffanta!' dwrdiodd Nain. 'Wyt ti ddim yn sylweddoli ei bod hi'n bwrw glaw, hogyn?'

Roeddwn wedi bod wrthi'n tyrchu imi gael dileu'r hen lun annifyr oedd o flaen fy llygaid: o'r eneth 'na'n cerdded o'm golwg. Yr eneth 'na efo'r olwg gwbl anobeithiol, yr eneth 'na oedd, ro'n i'n siŵr, wedi hen arfer efo triniaeth o'r fath. Ro'n i eisiau chwilota drwy'r pridd i edrych gawn i hyd i rywbeth fyddai'n fy nghyffroi gymaint fel na fyddwn i ddim yn medru meddwl am beth fyddai'n digwydd i'r eneth wedi iddi gyrraedd adref.

Adref?

Ble roedd ei chartref hi?

Mae'n rhaid nad oedd o ddim yn bell. Dim ond pobl leol fyddai'n dod i'n siop ni. Ond os oedd hi'n byw yn un o'r fflatiau neu'r tai o amgylch, pam nad oeddwn i ddim yn ei nabod hi? Pam nad oedd hi'n dod i'n hysgol ni? Mae'n rhaid mai newydd ddod i fyw yma roedd hi. Ym mhen arall y stryd roedd 'na nifer o hen dai mawr blêr. Roedd rhai wedi eu troi'n fflatiau a'r lleill yn ystafelloedd lle'r oedd pobl yn byw ac yn rhannu adnoddau cegin ac ystafell molchi. Ella mai wedi dod i le felly roedden nhw, hi a'i mam. Ond i b'run? Roedd 'na res hir o dai. Fedrwn i ddim mynd i bob un a gofyn . . . gofyn be?

Ond roedd yn rhaid imi wneud rhywbeth. Roedd yn rhaid i mi geisio'i helpu hi. Ond sut?

Roeddwn wedi cael hyd i ryw jŵg bychan.

'Ydach chi'n meddwl y bydd hwn yn ddel wedi ei llnau, *Iaia*?' gofynnais. 'Ydach chi'n meddwl y medra i ei drwsio fo?'

Chymerodd Nain ddim sylw o'r jŵg.

'Ty'd i'r tŷ o'r glaw y munud yma,' meddai. 'Dwi 'di cau'n gynnar heno. Fawr o neb o gwmpas yn y tywydd yma.'

Es â'r driwel a'r fforch fach i'r cwt a dilyn Nain i'r tŷ. Ochneidiais. Roedd yr hen lun cas o flaen sgrin fy llygaid o hyd.

'Y ferch ifanc wrthi o hyd, *Iaia*?' pryfociais wedi mynd i'r gegin.

Roedd yn rhaid imi wneud rhywbeth i roi taw arni hi gan ei bod hi'n dal wrthi i ddwrdio 'mod i'n hogyn mor hurt â mynd allan i'r dymp yn y tywyllwch AC yn y glaw. Es i ddim i'r drafferth i geisio egluro iddi 'mod i'n teimlo'n well ar ôl bod, fod yn RHAID imi wneud rhywbeth â'm dwylo ar ôl cynhyrfu gymaint.

Fyddai hi ddim wedi gwrando . . . roedd hi'n rhy brysur yn siarad. Yr unig ffordd oedd symud ei meddwl hi.

''Dach chi bron â gorffen mat arall, *Iaia*?' gofynnais wrth weld ei gwaith crosio hi ar fwrdd y gegin erbyn hyn. 'Hei! 'Dach chi'r un fath ag un o'r merched ifanc yna, yn tydach *Iaia*?'

'Am beth wyt ti'n mwydro, hogyn?'

'Wel edrychwch ar eich pellen edau chi! Mae hi'n llai o lawer rŵan.'

'Wrth gwrs ei bod hi. Dwi wedi gwneud amryw byd o fatiau ohoni hi.'

Edrychais allan drwy ffenest y gegin. Doedd y bleind ddim wedi ei dynnu i lawr a dim ond golau'r lamp fach yn y gornel oedd ymlaen, nid y golau mawr yn y nenfwd ac roedd hi braidd yn dywyll yno. Gwelwn olau'r lleuad draw yn yr awyr yn well felly.

''Run fath â hi!' meddwn i wrth Nain.

'Am beth ti'n malu awyr, hogyn?'

'Y merched ifanc, *Iaia*. Ydach chi ddim yn cofio? Y tair ohonyn nhw. Yng Ngwlad Groeg. Y stori fyddai eich nain chi yn ei ddweud wrthach chi a 'dach chi 'di'i dweud wrtha i? 'Dach chi'r un fath ag un ohonyn nhw.'

'Paid â malu awyr! Dwi'n hen. Merched ifanc oedden nhw.'

'Ie, dwi'n gwybod. Ond wrth gerdded ar hyd y llwybrau ar y bryniau yn y gwyll . . .'

'Dydw i ddim wedi bod yn cerdded i unman . . . a ble gweli di fryniau ynghanol y ddinas 'ma?'

'Ie. Ie. Dwi'n gwybod nad ydi hynna i gyd ddim 'run fath. Ond mae'r belen yna sy gynnoch chi 'run fath â'r lleuad 'na i fyny yn fan'cw. A'r un lleuad ydi o ag oedd yng ngwlad Groeg erstalwm, erstalwm . . .'

'Hynny'n siŵr.'

'Ac mae'ch pelen edau chi yn mynd yn llai ac yn llai fel roedd y lleuad yn mynd yn llai ac yn llai wrth i'r tair merch ifanc ei dynnu o i lawr a'i droelli o fel maen nhw'n crwydro'n ôl ac ymlaen yng nghefn gwlad a phobl yn meddwl ar y cychwyn mai nyddu gwlân wrth gerdded maen nhw. Ond wedyn maen nhw'n sylweddoli fod y gwlân cyn wynned â chnu oen bach, ac mai golau'r lleuad ydi o a bod y lleuad yn mynd yn llai ac yn llai bob nos fel eich pelen chi.'

'Crosio ydw i, nid nyddu.'

'Ie. Dwi'n gwybod . . .'

'A dydw i ddim yn gofalu fod y byd yn cael ei oriau o dywyllwch wrth droelli'r lleuad i lawr o'r awyr.'

'Nac ydach. Ond fel 'dach chi'n gweld y lleuad yn mynd yn llai ac yn llai yn yr awyr o noson i noson a'r pelennau yn nwylo'r merched ifanc yn mynd yn fwy ac yn fwy . . .'

'O! Dwi'n deall be wyt ti'n feddwl rŵan . . .'

'Mae'ch mat chi yn mynd yn fwy ac yn fwy a'ch pelen chi'n mynd yn llai ac yn llai . . .'

'Ac yna o'r diwedd fe fydd y belen edau wedi mynd fel y bydd y lleuad wedi mynd a'r byd yn cael tywyllwch a gorffwys, ac anifeiliaid y maes hefyd i gyd yn ddiogel rhag pob heliwr a pherygl a'r llanw ar holl foroedd y byd yn llonydd, llonydd . . .' meddai Nain, gan ddal ati gyda'r stori i mi.

Syllais drwy'r ffenest ar y lleuad fawr wen, heno ar ei hanterth yn ysblennydd i gyd, brenhines yr awyr, yn goleuo i bob twll a chornel o'r byd, a chlywed llais Nain yn gorffen yr hen, hen stori, y stori a glywsai hi pan oedd hi'n eneth fach yng Ngwlad Groeg.

'A phan ddaw'r noson dywyllaf un fe fydd y merched yn troedio eu ffordd i lawr i lan y môr i olchi'r gwlân a'r gwlân yn llithro wedyn i lawr i'r dŵr, yn datod mewn llafnau hirion o oleuni sy'n llifo o'r lan i'r gorwel. Ac yna, i ganol tywyllwch dudew'r ffurfafen daw'r lleuad drachefn i godi allan o'r môr mawr maith yn ddim byd ond rhimyn cul, tenau fel edau yn ailymddangos yn y nefoedd ei hun. A phan fydd y gwlân i gyd wedi ei olchi'n lân ac wedi ei rowlio drachefn yn belen gron, fawr, wen yn yr awyr y gall y rhai sy'n nyddu neu'n troelli'r lleuad gychwyn ar eu gwaith unwaith eto i wneud y nos yn ddiogel i'r trueiniaid diniwed sy'n cael eu herlid a'u hela . . .'

Ac wedyn fe ddechreuodd Nain wneud swper i ni'n dau ac roedd hi'n rhyw fwmian canu o dan ei gwynt wrth baratoi'r bwyd. Ond ddywedais i'r un gair o'm pen.

. . . i wneud y nos yn ddiogel i'r trueiniaid diniwed sy'n cael eu herlid a'u hela . . .

i wneud y nos yn ddiogel i'r trueiniaid sy'n cael eu herlid a'u hela . . .

. . . i wneud y nos yn ddiogel i'r trueiniaid . . .

Dyrnai'r geiriau drosodd a throsodd a throsodd yn fy nghlustiau. Oedd heno yn ddiogel i Beth? Roedd hi wedi cael ei gyrru o flaen ei mam fel petai'n cael ei herlid, yn toedd? Fel petai'n cael ei hela a dim gobaith dianc . . .

'Be fasat ti'n hoffi'i gael i swper?' gofynnodd Nain.

Fydd hi byth yn gofyn be fydda i eisiau fel arfer. Mae hi'n credu y dylai plant fwyta beth bynnag sy'n cael ei roi o'u blaenau nhw a diolch amdano fo beth bynnag ydi o. Felly roedd hi efo Dad a'i frodyr a'i chwiorydd pan oedden nhw'n blant, meddai fo.

'Tlawd oedd hi ti'n gweld,' eglurodd imi unwaith pan glywodd fi'n cwyno. 'Pan oedd hi'n eneth fach wyddai hi ddim beth oedd bod â'i bol yn llawn o fwyd. Roedd hi'n un o griw mawr o blant a'i thad hi wedi marw, a'r tro cyntaf erioed i'w bol hi fod yn llawn o fwyd oedd pan aeth hi i weithio mewn gwesty agorodd yn y pentre lle'r oedd hi'n byw.'

Roeddwn i wedi clywed am y gwesty hwnnw. Un bychan bach oedd o, y cyntaf a agorwyd ar yr ynys fechan yna gan ddyn o'r pentref fu yn Llundain yn gwneud ei ffortiwn. Roedd Nain wedi dweud celwydd i gael mynd yno i weithio. Dweud ei bod hi'n hŷn nag oedd hi er mwyn iddi gael gwaith. Roedd yn rhaid iddi. Hi oedd yr hynaf o'r plant. Doedd hi'n cael fawr ddim o gyflog ond roedd hi'n cael ei dillad a'i bwyd ac wedi iddi fod yno am dipyn fe gafodd gyfle i ddod i weithio i Lundain ac fe ddaeth hi. Ond roedd arni hi hiraeth mawr am Wlad Groeg pan ddaeth hi gyntaf, meddai hi. Y gaeaf oedd hi ac roedd hi mor oer a gwlyb yn Llundain a doedd hyd yn oed yr haf pan ddaeth o ddim yn gynnes iddi hi. Ond aros wnaeth hi gan fod bywyd yn haws yn Llundain nag yng Ngwlad Groeg. Er ei bod hi'n gweithio oriau hir, hir roedd yn well arni gan ei bod hi'n cael digon o fwyd da ac arian i'w wario ar bethau roedd hi'u hangen am y tro cyntaf yn ei bywyd.

'Sylwaist ti arni hi pan fydd hi wedi blino?' gofynnodd Dad.

Ysgydwais fy mhen.

'Pan fydd *Mamá* neu fi'n gwneud bwyd ac yn gofyn rhywbeth fel "Be gymrwch chi i swper?" fel arfer fe atebith hi. Ond os bydd hi wedi blino fe gawn ni ateb digon pigog: "Be 'di'r ots?"'

Edrychais yn ddiddeall hollol arno.

'Mae bwyd, unrhyw fwyd, beth bynnag ydi o, yn dderbyniol iawn pan wyt ti heb ddim.'

'Ond dydi *Iaia* ddim heb fwyd rŵan.'

'Mae hi'n cofio beth oedd llwgu. Rwyt ti a fi'n lwcus iawn. Dydan ni 'rioed wedi gorfod ei ddioddef o. Mi ddisgrifiodd hi'r teimlad i mi unwaith.'

Ddywedais i ddim byd, dim ond gwrando.

'Fel petai gen ti lew mawr yn dy fol di a hwnnw'n cwyno drwy'r adeg, meddai hi. A doedd o byth yn stopio cnoi dy ymysgaroedd di a gwneud iddyn nhw gordeddu mewn poen.'

Caeais fy llygaid.

'Ofnadwy!' sibrydais ac roeddwn i'n deall wedyn pam y byddai Nain mor flin efo fi pan oeddwn i'n gadael bwyd ar ôl ar fy mhlât.

Roedd y ffaith iddi ofyn imi beth roeddwn i eisiau a'i bod hi'n mwmian canu yn dangos iddi gael ei phlesio'n arw 'mod i'n cofio'r hen stori.

Bachais ar y cyfle ar unwaith, cyn iddi

benderfynu gwneud *souflaki*. Gas gen i *souflaki*.

'*Kefteddes, Iaia,*' atebais ar ei ben. 'Efo LOT o'r saws tomatos 'na, iawn?'

'A *patates* hefyd mae'n siŵr?'

ROEDD hi mewn hwyliau da!

'WAW!'

'Bryd i ti fynd i'r gwely neu chodi di byth yn ddigon cynnar i fynd â'r papurau yna,' meddai hi ymhen tipyn ar ôl bwyd.

Mi es i i fyny i'm llofft ond wedi imi fynd i'r gwely edrychais i ddim ar fideo na darllen na dim byd. Diffoddais y golau yn syth bìn a swatio dan y dŵfe ond chysgais i ddim am hir, hir. Mae fy llofft i yn y cefn a 'ngwely i'n agos at y ffenest, a thrwy'r llenni roeddwn i'n dal i weld golau'r lleuad yn hwylio ar draws yr awyr ymhell bell uwchlaw goleuadau'r ddinas i gyd.

Fawr o siawns i greaduriaid bach y nos ddianc o flaen unrhyw heliwr heno, meddyliais. Mae ei phelydrau hirion hi'n goleuo pob twll a chornel.

Fedrwn i ddim cysgu. Fedrwn i ddim. Roedd yn amhosib cau fy llygaid oherwydd y cyfan welwn i oedd Beth yn cerdded o flaen ei mam. Doedd dim gobaith iddi hi ddianc. A'r hyn oedd yn ofnadwy oedd na fedrai hi ddim cuddio chwaith. Dywedai rhywbeth hynny wrthyf. Digon teg: fedrai'r hen leuad fawr wen ddim goleuo i mewn i bob twll a chornel o bob tŷ yn y ddinas, ond fedrai hi byth ddianc fel y gallai creaduriaid rhag yr heliwr dan gysgod du'r tywyllwch diogel. Ro'n i'n meddwl ac yn meddwl amdani. Oedd hithau, ym mhle bynnag roedd hi, yn gweld y lleuad hefyd tybed?

Yna, yn sydyn, tywyllodd f'ystafell a chwmwl yn mynd dros yr hen leuad mae'n rhaid. Aeth yn dduach fyth a'r cwmwl yn ei llwyr orchuddio am dipyn. Welwn i ddim byd. Oedd y tywyllwch yn cadw'r eneth yn ddiogel, neu oedd arni hi ofn? Oherwydd er bod nos o dywyllwch dudew yn gallu cadw creaduriaid yn ddiogel rhag pob heliwr, roedd o hefyd, pan oedd yn ddigon du, yn gwahodd holl ysbrydion y fall i ddod allan.

Crynais. Doedd arna i ddim eisiau meddwl am hynny.

3

'AROS!' gwaeddais.

Bore trannoeth oedd hi. Gollyngodd Beth y botel yn deilchion o'i llaw y munud y clywodd fy llais. Llifodd y llefrith o amgylch ei thraed. Trodd ar ei sawdl a chychwyn rhedeg ond neidiais i gydio ynddi.

'O nac wyt!' meddwn i.

Straffagliodd i dynnu'n rhydd o 'ngafael i.

'Dwyt ti ddim yn diflannu eto,' meddwn i. 'Dydw i ddim yn mynd i boeni mwy yn dy gylch di.'

Am funud, doeddwn i ddim wedi ei hadnabod hi. Y dillad oedd mor wahanol. Neithiwr gwisgai'n grand. Dillad drud yr olwg. Y bore yma edrychai'n flêr a ffwrdd â hi, dipyn yn fudr hefyd a dweud y gwir. Ond hi oedd hi! Mi fyddwn i wedi adnabod y gwallt yna yn rhywle.

Dwyn oedd hi'r tro hwn hefyd a finnau ddim wedi meddwl y byddwn i'n ei gweld hi byth wedyn. Gwelais hi'n cydio mewn un o'r poteli ar riniog drws dros y ffordd i'r lle'r oeddwn i'n mynd â phapurau newydd. Doedd neb arall o gwmpas ar y pryd.

Wyddwn i ddim yn iawn sut roeddwn i'n teimlo pan welais hi. Yn falch? Ie dwi'n meddwl: yn falch ei bod hi'n iawn oherwydd roeddwn i wedi dychmygu pob math o bethau allai fod wedi digwydd iddi . . . a finnau wedi gwneud dim byd, wedi gadael llonydd iddi fynd efo'r ddynes 'na heb wneud dim.

Wel, beth fedrwn i fod wedi ei wneud?

Fyddai neb yn gwrando arna i. Petawn i wedi rhedeg ar ei hôl hi a gweiddi,

'Hei! Does gynnoch chi ddim hawl i wneud hynna!'

Beth fyddai wedi digwydd?

Fyddwn i'r un mymryn haws oherwydd fyddai'r ddynes wedi gwneud dim byd ond fy rhegi i neu roi peltan i mi am fusnesu. Teimlwn yn siŵr o hynny. Os oedd hi'n medru trin ei merch ei hun fel'na, beth fedrai hi ei wneud i hogyn hollol ddieithr? Roedd yn well gen i beidio â meddwl am y peth. Yn sicr byddai wedi gweiddi'n gas,

'Mae gen i hawl i wneud beth fynna i efo fy merch fy hun.'

Mi allwn i fod wedi ateb,

'Ond mae ganddi hi hawl i gael ei thrin yn iawn hefyd.'

Wnes i ddim, wrth gwrs.

Fedrwn i fod wedi dweud,

'Os 'dach chi'n dweud fod gynnoch chi hawl i wneud beth fynnoch chi efo'ch merch, mae gynnoch chi gyfrifoldeb i edrych ar ei hôl hi hefyd.'

Ond doeddwn i ddim wedi dweud 'run gair.

Ac yn fy ngwely neithiwr roeddwn i wedi mynd yn chwys oer drosof wrth sylweddoli beth ddylwn i fod wedi ei wneud a finnau'n methu gwneud dim byd fy hun. Fe ddylwn i fod wedi dweud wrth rywun beth welais i, siŵr iawn. Ddylwn i ddim fod wedi cadw'r hen fideo fach anghynnes yna i mi fy hun. Ddylwn i fod wedi mynd i chwilio am blisman . . .

Cysgais o'r diwedd, ond neidiodd y fideo o flaen fy llygaid y munud y deffrais yn y bore ac roeddwn i'n dal i feddwl amdani wrth fynd rownd efo'r papurau, yn dychmygu pob math o bethau.

Yna gwelais hi!

Oeddwn. Roeddwn i'n falch. Roeddwn i'n cael cyfle arall. Cyfle annisgwyl. Ond y munud y gwelais hi sylweddolais mai dwyn oedd hi'r tro hwn hefyd ac roeddwn i'n ôl yn yr un lle yn union . . . efo problem.

Cipiodd y botel oddi ar y rhiniog ac roedd hi wrthi'n agor y top pan siaradais efo hi. Dechreuodd grio pan dorrodd y botel. Ro'n i'n meddwl mai ofn am imi ei dal yn dwyn oedd hi.

'Gwranda, dydw i ddim am ddweud wrth neb dy fod ti'n . . .'

'Isio fo oeddwn i,' meddai hi'n druenus ac yn ddistaw bach. 'Isio fo achos . . .'

Nid crio am imi ei dal yn dwyn oedd hi: crio am iddi golli'r llefrith a hithau eisiau'i yfed o.

Syllais ar y dagrau mawr yn rowlio i lawr ei hwyneb. Roedd hi mor ddistaw fel ei bod hi'n codi dychryn arna i. Roedd hi'n troi ei dwylo rownd a rownd a rownd ei gilydd fel petai hi'n eu golchi nhw ond wedyn dyma hi'n dweud,

'Mae'n rhaid imi fynd cyn iddi hi ddeffro neu mi ca' i hi'n waeth fyth.'

'PAID!' meddwn i a chydio yn ei llaw.

'Awtsh!' sbonciodd a thynnu ei llaw yn ôl. Gwelais pam. Wrth gyffwrdd ei llaw roeddwn i wedi ei brifo. Dros y croen ymhob man roedd briwiau bychain crwn.

'Dwi'n dod efo ti os ydi'n rhaid iti fynd,' penderfynais. 'Hidia befo am y llefrith. Gei di beth o'n siop ni.'

Ddywedodd hi ddim byd. Dim byd ond snwffian. Eisteddodd i lawr yn sydyn ar y palmant fel petai ei choesau yn rhy wan i'w chynnal.

'Fydda i'n ôl mewn dau funud. Paid ti â meiddio symud. Ti'n deall? Aros lle'r wyt ti...'

Dim gair.

'Addo?'

Nodiodd.

Cydiais yn fy meic. Lwc 'mod i wedi gorffen fy rownd. Neidiais ar ei gefn. Lwcus 'mod i bron adref.

Gollyngais y bag papurau gwag ar y cownter. Cythrais i'r cwpwrdd oer. Gafaelais mewn carton o lefrith ac allan â fi cyn i

Dad ddod o'r cefn. Curai fy nghalon yn gyflym iawn: ofn iddi fod wedi diflannu'r munud imi droi fy nghefn. Ond roedd hi'n dal yno, yn snwffian ac yn rhwbio'i llygaid o hyd. Agorais dop y carton. Sodrais o yn ei llaw.

Roeddwn i'n byrlymu siarad er mwyn ceisio anwybyddu'r hen dawelwch annifyr oedd yna erbyn hyn.

'Gei di 'ngalw i'n Spi os tisio,' meddwn i. 'Dyna mae fy ffrindiau i'n ddweud.'

Yfodd y llefrith ar ei thalcen, ond thynnodd hi mo'i llygaid, y llygaid mawr, porffor-golau hardd, oddi ar fy wyneb i.

Fyddai yna neb, na fyddai neb, wedi yfed y llefrith mor gyflym â hynna oni bai eu bod nhw ar lwgu. Dychrynais wrth ei gweld yn llowcio'r llefrith. Cofio beth oedd Dad wedi ei ddweud am Nain. Sut roedd Nain wedi disgrifio bod eisiau bwyd yn ofnadwy, yn wirioneddol ofnadwy.

Ai felly roedd Beth?

Ie. Felly. Mae'n rhaid. Neu fyddai hi ddim wedi yfed y llefrith mor gyflym. Doedd hi ddim yn iawn i neb fod yn llwgu, nac oedd? Doedd hi ddim yn iawn i neb ddwyn, ond doedd hi ddim yn iawn i neb lwgu chwaith.

Teimlwn yn gynhyrfus a chymysglyd iawn. Wyddwn i ddim beth i'w feddwl. Beth oeddwn i'n ei feddwl? Hen deimlad ofnadwy . . . fel bod ar goll, fel sefyll yn simsan ar ben styllen pwll nofio ac ofn syrthio i mewn i'r pen dwfn heb fedru nofio'n ddigon da.

'Wyt ti am ddweud wrtha i beth sy'n bod?' gofynnais yn ddifrifol.

Lledodd y distawrwydd yn blanced fawr drom o'n hamgylch.

'Wel,' meddwn i wedyn pan ddaeth yn berffaith amlwg nad oedd hi ddim am ateb. 'Wel, mae 'na RYWBETH yn bod. Dwi wedi dy ddal di'n dwyn ddwy waith rŵan, cofia.'

Roedd hi'n dal i edrych arna i.

'Beth,' meddwn i, 'beth ydw i'n mynd i'w wneud os na ddwedi di rywbeth?'

A'r munud y daeth y geiriau allan o'm ceg sylweddolais BETH roeddwn i wedi ei ddweud a dyma hithau'n sylweddoli hefyd a dyma ni'n dau yn dechrau chwerthin. Roedd hynny'n andros o braf, y ddau ohonon ni'n chwerthin efo'n gilydd.

4

'Roeddet ti'n dwyn,' meddwn i'n gyhuddgar ymhen tipyn bach wedyn. 'Yn ein siop ni. A'r llefrith 'na.'

'Isio bwyd oeddwn i, Spi.'

'Ond isio dwyn pres oeddet ti neithiwr?'

'Ches i ddim swper.'

'Na brecwast?'

'Naddo.'

'Ond . . .'

'Am imi fethu.'

'Methu be?'

'Yn eich siop chi neithiwr.'

'Methu dwyn?'

'Methu cymryd pethau.'

Dwyn? Cymryd pethau? Beth oedd y gwahaniaeth?

Ddywedais i 'run gair ond roedd tu mewn i'm pen fel tu mewn i gloc. Yn fuan iawn ar ôl i mi ddechrau tyrchu yn y dymp fe ddois i ar draws un. Roedd o wedi cancro gormod i mi fedru gwneud dim byd â fo a'r olwynion tu mewn wedi rhydu'n lwmp soled. Mi fûm i'n syllu arnyn nhw am hir, yr olwynion bychain hynny, i gyd yn ffitio i mewn i'r naill a'r llall. Felly roedd fy mhen i rŵan efo cannoedd o olwynion bach yr un fath yn union â'r rheini, y naill yn ffitio i mewn i'r llall ond fod y rhai yn fy mhen i yn troi-troi-troi, troi-troi-troi yn brysur, brysur, brysur. A thu ôl iddyn nhw roedd rhyw olau bychan bach wedi tanio. Roeddwn i wedi meddwl . . . wedi meddwl . . . mai dweud y drefn wrthi roedd ei mam am iddi geisio dwyn . . . ond rŵan dechreuais sylweddoli nad oeddwn i'n iawn.

Roeddwn i wedi teimlo'n annifyr fod rhywun yn dwyn. Lladron sy'n dwyn. Pobl ddrwg. Gwelais yr eneth yma fel angel ac roedd hi'n dwyn. Roedd hynny'n ofnadwy. Ond roedd yn ofnadwy ei gweld hi'n cael ei chosbi hefyd. Ond nid hanner mor ofnadwy â . . . â . . .

'Roedd dy fam . . .' meddwn i'n betrus, 'roedd dy fam yn gwybod dy fod ti'n . . . dwyn?'

'Mam oedd yn dweud.'

Agorais fy ngheg. Roeddwn i am ofyn, 'yn dweud be?' ond sylweddolais beth roedd hi'n ei ddweud. Ei mam oedd yn dweud wrthi am ddwyn.

'Beth?' gofynnais. 'Beth, wyt ti'n meddwl ei bod hi'n iawn i ddwyn?'

Ffrwydrodd y geiriau allan o'm ceg. Fedrwn i mo'u dal nhw i mewn. Nain o hyd yn dweud 'mod i'n un byrbwyll, yn siarad heb feddwl, ac yn dweud fod pawb gafodd dafod i siarad hefyd wedi cael dant i'w atal o ac y dylid defnyddio hwnnw hefyd.

'Mam yn dweud,' meddai hi wedyn.

Roedd fy mam i yn dweud llawer o bethau hefyd. A Dad. A Nain. Roedd hi'n dweud mwy na'r ddau efo'i gilydd. Gwna hyn. Paid â gwneud y llall. Cofia wneud hyn. Cofia beidio gwneud llall. Doedd gen i ddim dewis fel arfer. Roedd yn rhaid imi wneud beth roedden nhw'n ei ddweud. Ond doedden nhw erioed wedi dweud wrtha i am DDWYN.

'Ac yn y dosbarth.'

'YYYY?'

'Dosbarth dysgu.'

'Yn 'rysgol?'

'Dydw i ddim yn mynd i'r ysgol.'

'Ond mae pawb . . .'

'O'n i erstalwm. Pan o'n i'n hogan fach. Am 'chydig. Ond 'dan ni'n symud yn aml cyn i neb ddod i'n nabod ni, cyn i neb ddechrau bod yn amheus.'

'Mae'n rhaid i bawb . . .'

'Dwi'n brysur.'

Prysur? PRYSUR? Hy! 'swn i'n medru bod yn brysur yn lle mynd i'r ysgol hefyd. Taswn i'n cael peidio mynd i'r ysgol faswn i wedi hen gyrraedd canol y dymp yna . . .

'Mae Mam f'angen i.'

'Mae PAWB yn gorfod mynd i'r ysgol 'run fath.'

'Ond fi sy'n cael pres i Mam.'

'Lot o bobl allan o waith ond . . .'

'Haws i mi weithio na Mam.'

'Yyyy?'

'Am 'mod i'n fach. Dydi plismyn a phobl gwarchod mewn siopau na phobl eraill chwaith ddim gymaint ar eu gwyliadwriaeth efo plant. Mae'n haws i mi gymryd pethau. A dwi'n rhy brysur. Dwi'n mynd i'r dosbarth os na fydda i'n gweithio.'

'Dosbarth?'

'Ie.'

'I be?'

'Wel i ddysgu, siŵr iawn. Dyna mae rhywun yn ei wneud mewn dosbarth, yntê?'

'Ie, ond . . .'

'Ond be?'

'Be ti'n ddysgu?'

'Dysgu gweithio'n well. Dysgu bod yn gyflymach. Dysgu beth i'w wneud os bydd rhywbeth yn mynd o chwith.'

Llyncais fy mhoeri.

Caeais fy llygaid am funud bach.

Fedrwn i ddim coelio 'nghlustiau. Dyna lle'r oedden ni'n sefyllian ar y palmant a'r stryd o'n cwmpas ni'n deffro mwy bob munud, mwy o bobl yn cerdded yn frysiog, mwy o geir yn chwyrlïo heibio. Postman yn mynd o ddrws i ddrws. Bywyd bob dydd. Bywyd cyffredin . . . a chlywed . . . a chlywed am rywbeth oedd yn bopeth ond cyffredin. Llyncais fy mhoeri drachefn. Oeddwn i wedi clywed yn iawn?

Roedd hi wedi dweud hynna fel petai'n beth . . . yn beth mor normal. Yn beth mor gyffredin. Fel petai hynny yn beth fyddai pawb yn ei wneud. Fel roeddwn i a'm ffrindiau yn mynd i ysgol gyffredin bob dydd.

Teimlwn yn wan. Gwyddwn mor lwcus oeddwn i wedi bod. Oeddwn, roeddwn i wedi bod yn anhapus iawn nes imi fagu digon o blwc ac asgwrn cefn i ofyn gawn i beidio chwarae pêl-droed. Ond doeddwn i erioed wedi cael fy ngorfodi i wneud peth fel hyn. Roeddwn i mor lwcus ond na wyddwn i ddim bryd hynny.

Gwyddwn hynny rŵan.

Gwyddwn rywbeth arall hefyd.

Roeddwn i wedi bod yn ddigon diniwed i feddwl mai pobl dda a phobl ddrwg oedd yna.

Pobl ddrwg yn dwyn. Pobl dda ddim yn dwyn.

Doeddwn i ddim yn iawn.

Pobl lwcus ac anlwcus oedd yna.

Fi a Beth.

I dŷ fyddai hi'n mynd, meddai hi. Tŷ yn

rhywle nad oedd hi ddim yn siŵr iawn yn lle yng nghanol y ddinas yn rhywle. Ac yno i lawr y grisiau roedd 'na rywbeth tebyg i ffatri fach. Roedd 'na ddynes ac roedd hi'n gweu dilladau a phobl yn gweithio iddi hi a llawer o ferched yn mynd yn ôl ac ymlaen, rhai ohonyn nhw a'u plant efo nhw. Plant bach mewn bygis yn aml achos roedd y merched eisiau gwaith y medren nhw ei wneud gartre tra oedden nhw'n edrych ar ôl eu plant. Ond roedd 'na blant hŷn hefyd, plant tua chwech neu saith oed a fydden nhw ddim yn mynd i lawr y grisiau efo dilladau wedi eu gorffen. Roedden nhw'n mynd efo'u mamau i fyny'r grisiau ac yno roedd y ddynes yn eu dysgu nhw i sleifio'u dwylo'n ysgafn bach i bocedi pobl ac i agor eu bagiau nhw ac i bocedu beth oedd ynddyn nhw ac i actio.

Fflachiodd rhywbeth yn fy meddwl.

'Fel gwnest ti pan ddaliodd y ddynes 'na ti yn ein siop ni?'

Edrychodd yn euog.

'Wnes i stomp o bethau. Gadael iddi deimlo'r bag yn plycio. Bod yn rhy lawdrwm.'

Syrthiodd fy ngheg ar agor wrth imi sylweddoli mai teimlo'n euog am iddi gael ei dal ac nid am iddi geisio dwyn roedd hi. Am funud bach, wrth sefyll yn hurt yno teimlwn fel petawn i yng nghanol corwynt a hwnnw'n chwythu popeth o chwith.

Caeais fy ngheg. Petai gen i boeri i'w lyncu byddwn wedi gwneud. Ond fedrwn i ddim. Teimlai fy ngheg yn hollol sych.

'Felly wnest ti actio?'

'Dyna ti i fod i'w wneud. Gwenu ac edrych i fyw eu llygaid nhw ac edrych yn ddiniwed a siarad fel hogan fach, fach, ac wedyn maen nhw'n meddwl mai chwarae wyt ti a dydyn nhw'n amau dim byd o gwbl ac rwyt ti'n diflannu'n sydyn cyn i neb fedru gwneud dim byd.'

Ail-chwaraeodd yr hen fideo fach annifyr o flaen fy llygaid ond rŵan roeddwn i'n ei deall hi'n iawn. Dim ond meddwl 'mod i'n ei deall hi roeddwn i o'r blaen. Nid dweud y drefn wrthi am ddwyn oedd ei mam. Dweud y drefn am iddi fethu.

'Mae hynna,' meddwn i'n ddistaw bach, 'yn bananas.'

'Be?'

Yn sydyn teimlwn yn hollol ddiobaith. Suddais yn flinedig i eistedd ar y palmant wrth ei hochr.

'Be? Be sy'n bananas?'

Ysgydwais fy mhen. Wyddwn i ddim ym mhle i ddechrau esbonio wrthi. Roedd hi'n rhoi popeth roedd hi'n ei ddwyn i'w mam, meddai hi. Byddai ei mam yn cadw'r arian, ond yn mynd â'r watsys a thlysau neu rywbeth arall gaen nhw i'r ddynes, a honno wedyn yn eu gwerthu ac yn rhoi cyfran o'r arian iddi.

Doedd hi ddim fel petai hi'n gweld dim o'i le yn hynny. Roedd hi fel petai hi'n meddwl ei fod o'n hollol normal. Ddim yn bananas o gwbl.

'Ti'n hoffi'i wneud?' gofynnais yn sydyn.

Ddywedodd hi ddim byd. Am funud bach meddyliais fod ei hwyneb hi fel drych efo pob math o luniau gwahanol yn dangos ynddo fel petai amryw o genod eraill yn cerdded o'i flaen.

Mae hi'n gwybod nad ydi o ddim yn iawn, meddyliais. Mae hi'n gwybod yn iawn yn rhywle yn ddwfn ynddi'i hun. Ond am fod ei mam hi'i hun yn dweud . . .

'Ti'n 'i hoffi o?' gofynnais wedyn yn fwy taer y tro hwn.

'Mae o'n hwyl weithiau.'

Edrychais yn hollol hurt arni.

'Ti'n gwybod . . . rhedeg o flaen rhywun tew . . .'

'Yn lle?'

'Ar hyd stryd . . . wedi iddyn nhw sylweddoli be ti 'di 'neud ond fedran nhw mo dy ddal di. Unwaith mi faglodd 'na hen ddynes fawr dew yn gwisgo sodlau uchel uchel mewn côt ffwr i ganol dŵr ac roedd hi'n sgrechian ei fod o'n difetha'i chôt hi.'

Gwelais ei llygaid yn dawnsio wrth gofio'r hwyl ac er fy ngwaethaf chwerthais innau hefyd.

'Gas gen i'r dosbarth. Gas gen i glywed hen lais main V.V. yn dweud wrthon ni beth i'w wneud. Ac yn dweud wrth Mam, "Gofalwch ei bod hi'n ufudd, Mrs Corrigan. Peidio rhoi gormod o raff iddi hi. Disgyblaeth! Cofiwch! Digon o ddisgyblaeth! Pwysig. Pwysig eithriadol. Maen nhw'n cofio cefn llaw. Isio bwyd yn sbardun da."

'Gas gen i weld ei hen ddwylo meddal hi'n dangos i ni sut i fyseddu bagiau a phocedi yn ysgafn fel blaen pluen, fel y tylwyth teg eu hunain. Mi fydd hi'n edrych arnon ni efo'i hen lygaid bach duon fel botymau crwn; ac maen nhw 'run fath â magnedau ac yn ein gorfodi ni i gerdded tuag ati hi pan fydd ganddi hi fag ar ei braich er mwyn inni ei agor o heb iddi hi deimlo. A fydda i ofn methu osgoi'r beltan os dwi'n methu. Gas gen i ddydd Llun.'

'Ar ddydd Llun wyt ti'n mynd yno?'

'Dydd Llun yn rhy dawel yn y siopau. Dim digon o bobl o gwmpas ar y strydoedd. Ddim yn amser da i weithio, felly 'dan ni'n mynd at Val Varley. GAS gen i ddydd Llun.'

Ro'n i eisiau crio. Ei chlywed hi'n dweud hynna. Ro'n i'n cofio sut roedd gas gen i ddydd Gwener erstalwm cyn imi ddweud gymaint roeddwn i'n casáu pêl-droed. Roedd o yno fel bwgan mawr du ar ddiwedd pob wythnos ac ro'n i'n dechrau meddwl amdano fo tua dydd Mercher.

Ynghynt weithiau. Cofiais gymaint oedd fy nghalon yn curo wrth gyfaddef i Mr Burgess sut roeddwn i'n teimlo a gymaint o ofn oedd arna i a fel roeddwn i wedi croesi a chroesi 'mysedd cyn siarad efo fo. Ond roedd hi'n braf arna i rŵan. Doedd 'na ddim bwgan ar ddiwedd pob wythnos rŵan ac roedd o fel petai yna bwysau mawr trwm wedi llithro oddi ar f'ysgwyddau ac roedd hi'n braf, braf. Ro'n i eisiau dweud hynny wrthi. Ro'n i eisiau dweud nad oedd yn rhaid i neb wneud pethau nad oedden nhw wir ddim eisiau gwneud, ond ches i ddim cyfle. Meddai hi,

'Dwi ddim yn hoffi methu.'
'Be ti'n feddwl?'
'Ga i glustan neu sgytfa.'
'AM FETHU DWYN?'
'Dwi ddim yn hoffi'r llosgi chwaith.'

A dangosodd gefn ei dwylo i mi, yn llosg-iadau bach crwn i gyd. Rhai yn gochach na'i gilydd. Ac roedd hi'n crynu i gyd wrth ddweud hynna. Roedd ei mam, meddai hi, yn tynnu'n galed ar ei sigarét, ac wedyn yn sodro'r golau coch, coch ar ei chroen hi.

Fedrwn i ddim coelio 'nghlustiau. Teimlwn fel petawn i'n sefyll ar fy mhen i lawr mewn rhyw wlad pob peth o chwith. Gwlad lle'r oedd pethau roeddwn i'n ei feddwl oedd yn ddrwg yn dda . . .? Nage, efallai nid yn hollol yn dda, ond yn iawn beth bynnag.

'I 'nysgu i rhag gwneud camgymeriad wedyn,' meddai hi.

'Ydi o?' gofynnais yn gryg.

Ro'n i'n ei chael hi'n anodd i siarad am fod yna rywbeth tebyg i lyffant yn crawcian yn fy ngwddw i am 'mod i'n teimlo cefnau fy nwylo innau'n brifo hefyd wrth edrych arnyn nhw.

'Ofnadwy,' sibrydais.

'Ddim mor ddrwg â'r cwpwrdd dan y to. Yno dwi'n gorfod mynd os bydd Mam yn flin am na fydd ganddi hi ddim pres i brynu jin neu os fydd hi ddim isio fi o dan draed pan fydd hi'n dod â ffrind adref o'r dafarn. Ches i ddim swper neithiwr ond mi anghofiodd hi gloi'r drws ac mi fedrais i ddod allan cyn iddi hi ddeffro. Mae hi'n dywyll yno, Spi. Dyna ydw i ddim yn ei hoffi. Mae hi'n dywyll ac yn oer ac mae 'na bryfed cop yno . . . ond y tywyllwch sy waetha. Gen i ei ofn o . . .'

'Rhaid i mi fynd!' meddai'n sydyn wedyn.

'Ond . . .'

'Fydd hi'n ffeind ella pan agorith hi'r cwpwrdd. Fydd hi'n difaru bod yn gas a ga i frecwast. Ella awn ni i gaffi.'

Edrychodd ar y carton llefrith yn fy llaw.

''Sa hi'n fy lladd i am gymryd hwnna.'

Gwylltiais.

'Dy ladd di, wir! Mae hi'n dy ddysgu di i ddwyn.'

'Ond cha i ddim dwyn i fi fy hun. Neb ohonon ni i fod i wneud hynny. V. V. yn dweud. Rheol. Hynny a bod yn rhaid inni fod yn dwt ac yn lân bob amser.'

'Bananas,' meddwn i o dan fy ngwynt.

'Call. Pobl ddim yn amau plant bach posh, yn nac ydyn? Pawb yn amau rhai budr, blêr. Spi, nei di ddim dweud, na nei? Ond dw i ddim i fod i siarad efo neb . . .'

Roedd yr ofn brysiog yn ei llais, y ffordd yr edrychodd yn ofnus dros ei hysgwydd, yn mynd at fy nghalon i. Yn codi eisio crio arna i.

Ysgydwais fy mhen yn fud.

'Paid â mynd,' crefais.

Wn i ddim pam, ond roedd yn gas gen i ei gweld hi'n mynd. Diflannodd i lawr y ffordd ac roedd yn rhaid i mi fynd adref neu mi fyddwn i'n hwyr. Welais i ddim golwg ohoni wedyn chwaith, er imi loetran yn hir yn y cyffiniau yna wrth fynd â'r papurau drannoeth a thradwy.

5

Pam nad oedd hi ddim efo'i mam? Oedd hi wedi ei chloi i mewn yn y cwpwrdd o dan y to o hyd? Oedd ei mam wedi anghofio popeth amdani hi?

Berwai'r cwestiynau yn fy mhen a theimlwn ryw fwrlwm dychrynllyd tu mewn imi yn fy ngorfodi i chwilio am atebion. Wyddwn i ddim pam, ond roedd yn rhaid imi. Gorfodai rhywbeth, wn i ddim beth, imi wneud rhywbeth. Yn rhaid. Fedrwn i ddim bod yn dawel fy meddwl byth eto petawn i ddim yn gwneud.

Wedi i'r bws ddiflannu cychwynnais redeg. Doeddwn i ddim yn siŵr iawn i ble'r oeddwn i'n mynd ond fedrwn i ddim aros yn llonydd yng nghanol y glaw. Fedrwn i ddim mynd adref chwaith. Ddim heb wybod ble'r oedd Beth. Ond roedd rhywbeth o'i le. Gwyddwn hynny. Os oedd yna neb ond hwy'u dwy a'i mam wedi mynd . . .

Doeddwn i ddim yn siŵr o gwbl ym mha un yn union o'r tai mawr roedd hi'n byw ond sefais y tu allan i'r fan lle'r oedd hi wedi dwyn y llefrith.

Cerddais i fyny'r grisiau at y drws. Roedd rhes o blatiau pres yno. Deintydd, twrneiod a rhyw gwmni yswiriant. Neb yn byw yn fan'no felly. A fyddai hi ddim wedi dwyn o'r tu allan i'r lle'r oedd hi'n byw, fyddai hi?

Drws nesaf?

Dros y ffordd?

Roedd 'na ormod o draffig imi fedru croesi'r munud hwnnw. Es drws nesaf. Lle blêr yr olwg. Roedd yno res o fotymau ar ochr dde'r drws a bocs bach plastig i ddal yr enwau o dan bob un ond fedrwn i ddim darllen yr enw yn 'run ohonyn nhw, roedden nhw'n rhy hen neu'n rhy rhacslyd a'r inc ar y sgwennu wedi hen redeg ymaith yn y tamprwydd, neu wedi ei bylu gan yr haul. Doeddwn i ddim callach o rythu arnyn nhw. Roeddwn i ar fin canu un ohonyn nhw a holi pwy bynnag ddeuai i ateb wydden nhw rywbeth am Beth a'i mam pan agorwyd y drws. Daeth dyn ifanc allan ar frys gwyllt. Daliodd y drws ar agor yn ddiamynedd. I mewn â mi. Yn amlwg roedd o'n meddwl 'mod i'n byw yno a ches i ddim cyfle i egluro beth oeddwn i eisiau.

Clep!

Caeodd y drws tu cefn imi. Roeddwn i'n sefyll mewn cyntedd blêr, llychlyd, yn llawn pob math o arogleuon. Roedd 'na rywun yn mynd i gael cyrri i'w fwyta y noson honno. O rywle arall ffrydiai arogl tships. Clywn leisiau'n ffraeo fel roeddwn i'n cerdded i fyny'r grisiau llydan. Roedd 'na garped wedi bod arnyn nhw unwaith ond bellach roedd y rhan fwyaf ohono wedi treulio ymaith ac roedd sŵn fy nhraed fel petai'n diasbedain drwy'r lle. Wyddwn i ddim beth i'w wneud. Teimlwn ar goll yn lân. Ond roedd yn rhaid imi wneud rhywbeth.

Curais ar y drws cyntaf ar ben y grisiau. Nhw oedd yn mynd i gael cyrri, mae'n rhaid. Roedd yr arogl yn llawer cryfach yma. Dynes ddaeth i'w agor.

'Os gwelwch chi'n dda, fedrwch chi ddweud wrtha i ydi Mrs Corrigan yn byw yma yn rhywle?' gofynnais.

Caeodd y drws heb ddweud yr un gair.

Ddaru'r pren ddim taro fy wyneb yn hollol, ond bu bron iddo â gwneud. Roedd o rhyw filimedr o flaen fy nhrwyn. Camais yn ôl yn frysiog yn teimlo'n hurt braidd. Beth oeddwn i'n mynd i'w wneud rŵan?

Fedrwn i ddim sefyll yn y fan honno'n gwneud dim byd. Ond ar hynny clywais rywun yn dod i lawr y grisiau o'r llawr uchaf. Dyn ifanc. Chymerodd o ddim sylw ohonof i, dim ond mynd heibio imi fel petawn i'n lwmp o faw. Petawn i'n gadael iddo fynd heb ddweud dim byd beth wnawn i . . . ?

'Hei!' gwaeddais a rhedeg ar ei ôl i lawr y grisiau. 'Hei, os gwelwch chi'n dda fedrwch chi fy helpu i?'

'Dynes . . .' meddwn i wedyn. 'Mrs Corrigan. Mae ganddi hi hogan . . .'

Cyfeiriodd ei fawd i fyny'r grisiau cul oedd yn mynd i fyny i'r llawr uchaf heb ddweud 'run gair o'i ben ac i ffwrdd ag o yn ei flaen. Rhedais i fyny'r grisiau. Roedd tri drws ar y landin uchaf, pob un ar gau. Petrusais a chlywed rhywun yn dod i fyny tu cefn imi.

'Hei!' galwodd llais. 'Be wyt ti'n ei wneud yn fan'na?'

'Chwilio am . . .'

'Allan!'

'Allan?'

'Glywaist ti'r tro cyntaf. Allan y munud yma.'

'Ond dwi'n chwilio . . .'

'Sleifio i mewn heb hawl. Dwi'n nabod dy siort di. Barod i roi dy hen bump budr ar beth bynnag weli di. Fi bia'r lle 'ma. Fi sydd yn dweud sut mae pethau i fod. Gwadna hi! I lawr y grisiau 'na!'

'Reit!' meddwn i wrtha fy hun. 'Iawn! Mi a' i'n ddiniwed i gyd.'

Ac fe es i hefyd. I lawr y grisiau i'r llawr isaf ac agor y drws i fynd allan, a'i gau gyda chlep. Ond es i ddim allan drwy'r drws. Mi sleifiais i tua'r cefn a llechu yn y cysgodion i wrando. Roeddwn i'n iawn! Clywais ei hen draed hi'n fflip-fflapian yn ei slipars blêr ar hyd y landin. Yna drws yn agor ac yn cau.

'Byw ar y llawr canol ei hun i gael gwell golygfa,' penderfynais. 'Rêl hen fusnes.

Byw drwy'r dydd efo'i thrwyn fel crempog ar wydr y ffenest yn gwylio hynt a helynt pawb yn y stryd. 'Run pry bach yn mynd heibio heb iddi hi ei weld o. Fetia i eu bod nhw'n ei galw hi'n Jireniym am ei bod hi yn y ffenest bob munud.'

Ddim yn hoffi i neb arall fod yn fusneslyd chwaith. 'Rhen gnawes. Yn fy hel i allan am 'mod i'n fusneslyd. Ond châi hi ddim, na châi hi DDIM fy nhrechu i!

Wyddai hi ddim pwy oeddwn i! Roedd hi'n meddwl mai rhyw hogyn bach gwallt cyrliog, tywyll, cyffredin oeddwn i. Wyddai hi ddim mai Spi-Sbei oeddwn i, na wyddai?

Doedd fy narganfyddwr metel ddim gen i, nac oedd. Doedd o ddim yn crynu dan fy nwylo nac yn grwnian yn fy nghlustiau. Ond tu mewn i mi, yn ddwfn, ddwfn tu mewn i mi, roedd 'na gryndod mwy o lawer na chryndod y darganfyddwr metel. Roeddwn i'n crynu o ofn ac roedd 'na sŵn yn fy nghlustiau i hefyd. Sŵn clir fel cloch dân uchel.

Rhybudd oedd cloch dân, yntê? Rhybudd fod rhywle ar dân, fod rhywbeth yn llosgi, fod 'na berygl yn rhywle. Ac 'run fath yn union roedd 'na rywbeth yn dweud wrtha i fod Beth mewn perygl. Felly wfft i'r hen ddynes 'na. Doedd hi na neb arall yn mynd i'm rhwystro i rhag mynd i chwilio amdani.

Gwyddwn rŵan 'mod i yn y tŷ iawn beth bynnag. O'm cwmpas ym mhobman clywn sŵn pobl yn byw, yn gwylio'r teledu, yn gwneud eu bwyd, yn sgwrsio . . . ac yn ffraeo. Yn rhywle roedd lleisiau'n codi'n uwch ac yn uwch bob munud. I fyny'r grisiau cyntaf â mi a llithro'n gyflym heibio i ddrws yr hen ddraig. I fyny'r ail risiau a sefyll ar y landin. Ble'r awn i wedyn?

Ac roedd 'na risiau eraill, rhai culach.

'Cwpwrdd dan y to.'

Dyna ddywedodd Beth. Felly i fyny wedyn â mi. Roedd hi'n dywyllach yno. Edrychais ar y nenfwd. Doedd dim bylb yn hongian o'r nenfwd. Roedd hi'n dawelach hefyd a synau gweddill y tŷ i'w clywed yn wannach ac yn bellach. Un drws oedd i fyny yn fan'ma ac roedd o ar gau. Wedi ei gloi? Nac oedd! Agorais ef yn araf a fferru yn f'unfan a'r colfachau'n gwichian fel petaen nhw ddim wedi gweld olew ers blynyddoedd.

Oedd yna rywun, yr hen wraig yna ella, yn mynd i ruthro i fyny i weld beth oedd yn bod?

Gwrando. Neb. Dim sŵn traed ar y grisiau na neb yn gofyn pwy oedd yna na dim. Affliw o ddim. Rhoi sgytfa sydyn i mi fy hun a dweud,

'Paid â bod yn gymaint o hen wlanen! Brysia! Gwna rywbeth! Dim ots os daw 'na rywun. Os ydi Beth i mewn yn fan'na . . .'

Ond doedd 'na neb yn yr ystafell. Dim byd ond caniau lager gwag ar y bwrdd yng nghanol pentwr o bapurau seimllyd ac ogla sgodyn a tships yn ddrewdod drwy'r lle. Hynny a rhyw hen arogl annifyr arall fel petai'r lle ddim wedi cael ei lanhau ers hydoedd ar hydoedd, y ffenestri byth wedi cael eu hagor ac awyr iach heb fod ar gyfyl y lle erioed.

Ffenestri?

Dim ond un oedd yno. Un fechan fach, yn y to, ac roedd hi mor fudr fel mai ychydig iawn o olau oedd yn dod drwyddi.

Roedd gwe pry cop yn haen drwchus drosti a phryfed yn gwingo yn hanner marw ynddo. Roedd gwely yn y gornel a hwnnw'n flêr ac yn fudr yr olwg, y dŵfe hanner ar y llawr a hanner ar y gwely. Yn y gornel arall roedd hen sinc gwyn, craciog ac un tap melynddu a hwnnw'n diferu drip-drip-drip i mewn iddo. Roedd y tu mewn yn wyrdd hyll, budur. Gwelais y cyfan gydag un cip sydyn o amgylch y lle. Pethau nad oedd o ddim diddordeb i mi a dweud y gwir. Chwilio am Beth oeddwn i . . .

'Beth?' galwais yn ddistaw. 'Beth?'
Yna, yn uwch ac yn fwy taer fyth,
'Beth? BETH?'
Ond doedd yna ddim ateb.

Cwpwrdd ddywedodd hi. Cwpwrdd. Ond doedd dim golwg o gwpwrdd. Hongiai amryw o fachau dillad yn feddw ar gefn y drws tu ôl imi. Roedd yna silffoedd gwag, tair, pob un yn pantio yn eu canol fel petai rhywun wedi rhoi gormod o bwysau arnyn nhw a dim ond un peth ym mhob pen i'w cynnal nhw a dim byd yn y canol.

Ond roedd y to ar oledd a phrin ei bod

hi'n bosib sefyll yn y pen draw. Roedd yn rhaid imi gadw 'mhen i lawr wrth gamu ymhellach i mewn i'r hen ystafell fach gyfyng. A phan drois i 'mhen, gwelais o.

Doedd o ddim yn ddrws. Darn o bren dros dwll oedd o. Ond roedd colfachau arno fo, felly mae'n debyg ei fod o'n rhyw fath o ddrws, er mai un bychan iawn oedd o. Bron imi fethu ei weld o oherwydd bod 'na gadair â'i choes wedi torri wrth ei ymyl ac roedd hi bron ar ei draws o. Roeddech chi'n gallu dweud fod gadair ar draws y drws bach fel arfer ond ei bod hi fel petai wedi ei chicio o'r neilltu yn flêr ar y funud. Ac ar y llawr wrth ei hochr hi roedd 'na dogl gwallt.

'Beth!' galwais wedyn a chythru at y gadair a'i sgrialu fwy fyth i'r ochr a gweld fod bollt ar draws y drws bach pren.

Cwpwrdd, wir! Cwpwrdd! Doedd o'n ddim byd ond rhyw dwll du, llechi'r to uwchben a thrawstiau dal y nenfwd islaw. Llyncais fy mhoeri. Fedrwn i ddweud yr un gair. Ond roedd 'na hen ogla gwaeth fyth wedi imi agor y drws. Roedd o mor fach.

Gas gen i fynd i mewn i lefydd tywyll. Gas gen i fynd i le cyfyng. Mae arna i ofn cael fy nghau i mewn a chael fy mygu. Ond gorfodais fy hun i roi fy mhen a'm hysgwyddau i mewn. Neidiodd fy nghalon i'm corn gwddw. Symudodd rhywbeth . . . Cefais gip sydyn ar rywbeth yn sgrialu ar draws y trawstiau: llygoden fawr.

Ych-a-fi! YCH-A-FI!

Ond ches i ddim amser i neidio'n ôl mewn arswyd. Roedd 'na rywbeth rhwng y trawstiau ar y dde i'r drws, ar y dde tu ôl i'r ochr, yn y lle gwag rhwng dau drawst, rhyw swpyn o rywbeth, rhyw ddarn o hen garped neu bentwr o hen ddillad carpiog . . . roedd hi'n anodd dweud yn y cyflychwr.

Ond dydi hen garped na hen ddillad ddim yn symud . . . ac fe rois i sbonc fach o ddychryn wrth iddyn nhw wneud rhyw fymryn bach, ac wrth i'm llygaid arfer efo'r tywyllwch gwelwn fod yno rywbeth ddim mor dywyll . . .

Es i mewn ymhellach.

'Beth!' meddwn i. 'Beth, wyt ti yna?'

A dyma'r pentwr yn symud yn araf ac mi

welwn i mai ei hwyneb hi oedd y peth golau ac mi welwn i ei llaw hi hefyd. Roedd hi'n cydio mewn potel bop fach blastig ac roedd 'na fag papur fferins gwag wrth ei hochr hi.

'Beth! Fi sy'ma, Spi!'

Ddywedodd hi ddim byd.

Dychrynais am fy mywyd.

'Ddo i yn f'ôl, Beth,' addewais. 'Ddo i'n ôl cyn gynted fyth ag y galla i. A dwi'n gadael y drws ar agor, Beth. Dydi hi ddim yn dywyll yna rŵan yli. Paid â bod ofn . . .'

Wyddwn i ddim oedd hi'n fy nghlywed i. Wyddwn i ddim fedrai hi ddeall beth roeddwn i'n geisio'i ddweud. Es allan wysg fy nghefn gan nad oedd lle imi droi rownd. Baglais ar draws gwaelod y drws. Syrthiais. Codais a rhedeg allan o'r ystafell fyglyd ac i lawr y grisiau gan hanner syrthio hanner neidio. Help! Help! Roedd yn rhaid imi gael help. Roeddwn i'n crio'n uchel ond agorodd yr un drws fel roeddwn i'n mynd heibio. Cyrhaeddais y drws ffrynt ac edrych o'm cwmpas yn wyllt. Ar ba un fedrwn i guro?

Ond gwelais y ffôn ar y wal. Cythrais i afael ynddo. Crynai fy nwylo wrth ddeialu a phan ofynnodd y llais pa wasanaeth oeddwn i eisiau, fedrwn i ddim ateb am funud.

Fe ddaeth 'na bobl eraill fel roeddwn i'n siarad. Mynd heibio roedden nhw wedi dod i mewn drwy'r drws. Chymeron nhw ddim sylw ohono i ar y cychwyn ond pan glywon nhw beth roeddwn i'n ei ddweud ar y ffôn, fe oedon nhw ac edrych arna i fel petaen nhw ddim yn fy nghredu i pan rois i'r ffôn yn ôl yn ei le.

'Spi,' sibrydodd Beth pan es i'n ôl. 'Spi!'

Roedd hi wedi agor ei llygaid mawr hardd ac yn syllu arna i, ac er ei bod hi mor flêr a budr, pan wenodd hi arna i roedd hi'n union fel y tro cyntaf pan welais i hi i mi.

'Wnes i beth oeddwn i ddim i fod i'w wneud, Spi.'

'Be?'

'Dwyn i mi fy hun. Wnes i ddwyn y fferins yna a'r pop,' sibrydodd yn gryg ac yn floesg.

'Dwi'n falch,' meddwn i. 'O! Dwi'n falch.'

Roeddwn i hefyd neu dwi'n siŵr na fyddai hi ddim yn fyw. Doeddwn i erioed o'r blaen wedi breuddwydio y byddwn i'n falch fod rhywun wedi dwyn. Ond mi fyddai hi wedi llwgu i farwolaeth hebddyn nhw. Dyna oeddwn i'n ei feddwl.

'Ac mi wylltiodd Mam yn ofnadwy a 'nghloi i i mewn ond chymrodd hi mohonyn nhw oddi arna i chwaith.'

'Ond ble'r aeth hi?'

'Mae ganddi hi gariad newydd a doedd o ddim isio fi a mae hi 'di mynd ar wyliau i Sbaen efo fo, a gaiff hi waith yno hefyd. Ac mae'n rhaid iddi hi fachu ar y cyfle, meddai hi.'

Oedd ei mam hi wedi ei chau hi yn y cwpwrdd a bwriadu ei gadael hi yno am byth? Oedd hi? OEDD HI?

Roeddwn i wedi dringo i mewn ati, a doedd arna i ddim ofn yr hen le tywyll cyfyng am fy mod efo hi. Roedd mwy a mwy o bobl yn dod yno ac yn sefyllian o'n cwmpas ni, yn plygu i edrych arnon ni, golwg wedi dychryn arnyn nhw a'u lleisiau yn llifo i mewn aton ni.

'I fewn yn fan'na?'

'Ei hun?'

'Ers faint?'

'Welais i mohoni 'rioed.'

'Y ddynes dew 'na?'

'Cadw hi'i hun iddi hi'i hun, yn toedd?'

'Faint oedd ers pan oedd hi yma? Rhyw fis?'

'Neb yn ei nabod hi.'

'Wyddwn i ddim fod yna blentyn . . .'

'ERS FAINT?'

'Wel mae'n rhaid ei fod o'n ddeuddydd . . .'

'Wedi meddwi ormod i wybod beth roedd hi'n ei wneud, mae'n siŵr . . .'

Clywn y lleisiau. Doeddwn i ddim yn gwrando arnyn nhw. Gwrando ar Beth oeddwn i.

'Fydd ddim rhaid i mi ddod yn ôl yma, na fydd Spi? Na fydd? NA FYDD?'

Cododd ei llais ar nodyn o banig.

'Roedd hi'n dywyll yma, Spi. Yn dywyll ac roedd arna i ofn. Dwi ofn y tywyllwch, Spi.'

Ges i fynd efo hi yn yr ambiwlans i'r ysbyty. Wel, rois i ddim cyfle i neb fy rhwystro i. Doedd neb arall eisiau mynd ac roedd yr Heddlu wrthi'n holi gwraig y tŷ fel roedd un o ddynion yr ambiwlans yn cario Beth i mewn.

'Mi fydd hi'n iawn 'sti,' meddai o'n garedig wrtha i. 'Hyd y gwela i does 'na fawr o ddim yn bod arni na fedar tipyn o fwyd maethlon yn ei bol hi ei wella. Hynny a chael ei hymgeleddu dipyn, ei molchi'n lân efo dŵr a sebon.'

Ond gwrthodais ei gadael hi a phan sonion nhw am fy rhieni i, rhoddais rif ffôn y *taverna* iddyn nhw.

Cyrhaeddodd Mam a Dad yr ysbyty fel roedden nhw'n rowlio Beth i mewn drwy ddrws y ward. Ro'n i mor falch o'u gweld nhw ond roedd arna i hefyd dipyn bach o ofn, ofn eu bod nhw'n mynd i ddweud y drefn wrtha i am fod yn Spi-Sbei heb ddweud dim byd wrth neb, ond wnaethon nhw ddim.

Cydiais yn y ddau yn dynn, dynn pan welais i nhw. Roedden nhw'n gofyn drosodd a throsodd,

'Wyt ti'n iawn? Wyt ti'n iawn?'

Fe gerddon nhw efo fi yn ymyl stretshiar Beth fel roedden nhw'n mynd â hi o'r ambiwlans, ar hyd y coridor ac i mewn i'r lifft.

Chaen i ddim mynd pellach nag ystafell aros y ward. Syllais arni'n diflannu o'm golwg. Roedd yna olau yn y coridor. Doedd hi ddim yn dywyll yno. Ond fel roedd hi'n digwydd bod doedd dau o'r goleuadau yn y to ddim yn gweithio ar y funud. Doedd hi ddim yn dywyll yno, nac oedd. Ond roedd hi'n oleuach o lawer i mewn yn y ward a thrwy wydrau'r ddau ddrws fel yr hollton nhw i adael i Beth fynd i mewn ffrydiodd y golau llachar oedd yno allan fel petai'r pelydrau yn dod i'w chyfarfod ac yn lapio eu breichiau yn groesawgar amdani.

Mi fydd hi'n falch o'r golau yna, meddyliais. Mi fydd hi wrth ei bodd efo fo.

Fel roedden nhw'n mynd â hi o'r golwg, cofiais rywbeth. Rhywbeth nad oeddwn i ddim yn ei wybod. Rhywbeth oedd wedi bod yn fy mhoeni yng nghefn fy meddwl o'r munud cyntaf y clywais ei henw hi.

Talfyriad oedd 'Beth' yntê? Doedd 'Beth' ddim yn enw llawn, nac oedd?

Bethan?

Elisabeth?

Elspeth?

'Bananas!' meddwn i'n sydyn.

'Be ddwedaist ti?' gofynnodd Mam.

'Dim byd,' atebais yn frysiog. 'Dim byd o gwbl.'

Newydd sylweddoli oeddwn i nad oeddwn i ddim hyd yn oed yn gwybod ei henw'n iawn.

Gwnes osgo i neidio ar ei hôl imi gael gofyn iddi, ond cydiodd Dad yn fy mraich i'm hatal. Byddai'n rhaid imi aros cyn cael gwybod.

'Beth oeddet ti yn ei wneud yn y tŷ yna? Pwy ydi hi? Sut wyt ti'n ei nabod hi?' holodd Dad a Mam.

Dywedais yr hanes i gyd wrthyn nhw tra oedden ni yn yr ystafell aros a gweld y sioc ar eu hwynebau nhw. Wel, felly fydden nhw wedi teimlo hefyd, yntê, fel fi. Oherwydd nhw oedd wedi gwneud imi deimlo fel roeddwn i'n teimlo.

Fe fuon ni'n aros ac yn aros yno. Roeddwn i wedi hen orffen egluro pob dim iddyn nhw ac wedyn fe ges i dipyn o'u hanes nhw. Fe ddywedon nhw wrtha i fod y *taverna* newydd bellach bron yn barod i'w hagor.

Hanner gwrando roeddwn i. Gwrando efo un glust a meddwl a meddwl am Beth druan. Roeddwn i'n methu'n glir â'i hanghofio hi. Yna dywedodd un o'r ddau rywbeth dynnodd fy sylw.

'Be?' gofynnais yn sydyn. 'Be oedd hynna ddwetsoch chi?'

'I agor y *taverna*,' meddai Mam.

'Parti,' meddai Dad.

'Gwadd y teulu a'n ffrindiau i gyd.'

'Gawn ni hwyl 'sti.'

'Gei di ofyn i dy ffrindiau i gyd!'

'Dwi ddim isio neb. Neb ond Beth. Os na fydd hi'n medru dod dwi ddim isio neb.'

'Gawn ni barti mawr i ddathlu agor y *taverna* ond ddim nes y daw hi allan o'r ysbyty,' addawodd y ddau.

Yn sydyn, wn i ddim yn hollol pam, teimlwn yn well o lawer; fel petai rhyw bwysau mawr, trwm wedi llithro oddi ar f'ysgwyddau.

Trois ac edrych ar y ddau.

Gwenais!

'Jest gofalwch un peth,' meddwn i wrthyn nhw. 'Jest gofalwch un peth, wnewch chi!'

'Be?'

'Fod gynnoch chi DOMENNYDD o blatiau yno! Fydda i isio'u malu nhw i gyd yn dipiau mân!'

Roedden ni'n tri yn chwerthin pan ddaeth nyrs aton ni a dweud fod y doctor eisiau siarad efo ni ac roedden nhw eisiau gwybod hanes Beth. Efo fi roedden nhw'n siarad fwyaf, ac yn sydyn roeddwn i'n methu'n glir â chadw sŵn crio allan o'm llais achos teimlwn yn rhy flinedig i siarad o gwbl. Am ychydig ddyddiau yn unig fyddai'n rhaid iddi aros yn yr ysbyty, medden nhw, ac fe addawodd Dad a Mam y bydden ni'n dod yn ôl drannoeth ac wedyn fe aethon ni adref. Roedd hi'n hwyr iawn.

Teimlwn yn well yn eistedd yng nghefn y car a Dad yn mynd â ni adref drwy'r strydoedd gweigion. Ychydig iawn o draffig oedd yna erbyn hyn. Gwyliais oleuadau'r ceir yn sgleinio fel llafnau ar y tarmac gwlyb wrth wibio i'n cyfarfod. Gwelais lynnoedd llachar o olau yn ffenestri'r siopau.

Fel roedden ni'n oedi wrth oleuadau traffig yn aros i'r coch droi'n wyrdd agorodd drws rhyw glwb neu dafarn neu rywle a llifodd afon o bobl allan ar y palmant, pawb yn chwerthin ac yn dal i ryw ddawnsio i'r gerddoriaeth uchel ddaeth i'n clustiau drwy'r drysau llydan agored.

Meddyliais am y parti roedden ninnau'n mynd i'w gael a rhoi rhyw chwerthiniad bach sydyn.

'Be sy?' holodd Mam.

'Meddwl am y dymp!'

'Y DYMP?'

'Mmm!'

'Yng nghefn y siop?'

'Ie.'

'Ond pam?'

'Fydd 'na lot o ddarnau i'w taflu, yn bydd?'

'Darnau be?'

'O blatiau ar ôl ein parti ni!'

'Fyddan nhw ddim yn mynd i dy ddymp di, siŵr iawn!'

'Ond mi fyddan nhw'n mynd i ryw ddymp yn rhywle, yn byddan? Mi fyddwn ni'n eu lluchio nhw i'r bin, a'r lorri sbwriel yn mynd â nhw . . .'

'Wel byddan mae'n debyg.'

Ac wedyn roeddwn i'n meddwl yn ddistaw,

'Ella bydd 'na rywun yn cael hyd iddyn nhw rhyw ddiwrnod. Tybed fyddan nhw'n meddwl amdanyn nhw fel dwi'n meddwl am y pethau dwi'n dod o hyd iddyn nhw, ac yn cael sbort yn gwneud stori sy'n gwmni da iddyn nhw?'

Ond roedden ni'n cyrraedd ein stryd ni a'r un o'r ddau yn gwrando'n iawn, ac wrth fynd allan o'r car roeddwn i'n meddwl na fyddai gan bwy bynnag gâi hyd i'r platiau fyddwn i wedi eu malu byth syniad pan gaen nhw hyd i'r darnau pam roedden nhw'n dipiau mân, pam roedden nhw wedi cael eu malu.

Fyddai yna rywun rywbryd yn edrych arnyn nhw yn sbei, fel roeddwn i'n sbecian i mewn i fy nymp i, tybed?

Oedais am funud yn y tywyllwch cyn mynd i mewn i'r siop. Syllais i fyny ar yr awyr. Doedd fawr o sêr i'w gweld yn sgleinio yno a doedd dim golwg o'r lleuad chwaith. Noson ddiogel i bob creadur bychan i ddianc rhag unrhyw heliwr barus. Noson garedig a'r tair merch ifanc wedi tynnu pelydrau'r lleuad i lawr ac i lawr fel fod pellen y lleuad wedi diflannu dros dro.

A Beth gymaint o ofn y tywyllwch.

'Mi ddweda i'r stori wrthi hi,' addewais yn ddistaw bach. 'Mi ddyweda i'r hen, hen hanes wrthi hi'r cyfle cyntaf ga i, ac mi fydd hi'n teimlo'n well. Fydd arni byth gymaint o ofn y tywyllwch wedyn.'